中国传统村落文化抢救与研究

文化区系列

西北传统村落

吴必虎 罗德胤 张晓虹 汤敏 ◎ 主编

李丁 苗红 冶建明 ◎ 编著

海天出版社
·深圳·

图书在版编目（CIP）数据

西北传统村落 / 吴必虎等主编. — 深圳：海天出版社，2020.12

（中国传统村落文化抢救与研究. 文化区系列）

ISBN 978-7-5507-3018-2

Ⅰ. ①西… Ⅱ. ①吴… Ⅲ. ①村落－研究－西北地区 Ⅳ. ①K928.5

中国版本图书馆CIP数据核字(2020)第189439号

审图号：GS（2020）5315号

西北传统村落
XIBEI CHUANTONG CUNLUO

出 品 人	聂雄前
项目策划	许全军
项目统筹	南　芳
责任编辑	熊　星　雷　阳
责任校对	万妮霞
责任技编	郑　欢
装帧设计	知行格致

出版发行	海天出版社
地　　址	深圳市彩田南路海天综合大厦（518033）
网　　址	www.htph.com.cn
订购电话	0755-83460239（邮购、团购）
设计制作	深圳市知行格致文化传播有限公司　Tel：0755-83464427
印　　刷	中华商务联合印刷（广东）有限公司
开　　本	787mm×1092mm　1/16
印　　张	14.75
字　　数	185千
版　　次	2020年12月第1版
印　　次	2020年12月第1次
定　　价	398.00元

海天版图书版权所有，侵权必究。
海天版图书凡有印装质量问题，请随时向承印厂调换。

"中国传统村落文化抢救与研究·文化区系列"编委会

EDITORIAL COMMITTEE

丛书主编： 吴必虎　罗德胤　张晓虹　汤　敏

《中国传统村落概论》

编委会主任：张宝秀、成志芬
编委会成员：朱永杰、刘剑刚、李　扬、
　　　　　　时少华、张　勃、苑焕乔、
　　　　　　周爱华
编写分工：第一章　张宝秀、成志芬
　　　　　第二章　朱永杰
　　　　　第三章　刘剑刚
　　　　　第四章　李　扬
　　　　　第五章　成志芬、苑焕乔
　　　　　第六章　张　勃、李　扬
　　　　　第七章　时少华

《中原传统村落》

编委会主任：丁　华、张　东、
　　　　　　杨　博、郭晋媛
编委会成员：杨晓俊、戴　宏、刘改芳、
　　　　　　栗晓楠、刘　晗、妙　浪、
　　　　　　李羿祥、薛艳青、戴景文、
　　　　　　蒋星怡、朱凯凯、黄静怡、
　　　　　　廖文强、张　悦、陈鑫源、
　　　　　　陈姗姗、陈添珍、高媛媛、
　　　　　　刘丽丽、易远铨、黎燕君、
　　　　　　王　坤、易　雪、萧僖雯、
　　　　　　沈思源、苏小燕

《徽州传统村落》

编委会主任：张云彬、张宏梅、王　娟
编委会成员：张　茹、沈忌佳、张业臣、
　　　　　　张小军、闻　飞、方敦礼
编写分工：第一章　张云彬
　　　　　第二章　张宏梅、张云彬
　　　　　第三章　张云彬
　　　　　第四章　王　娟
　　　　　第五章　张云彬、张宏梅、
　　　　　　　　　王　娟
　　　　　第六章　张宏梅

《荆楚传统村落》

编委会主任：龚胜生、何小芊、胡　娟、
　　　　　　陈丽军
编委会成员：伍昌友、李孜沫、魏幼红、
　　　　　　张　涛
编写分工：第一章　龚胜生、何小芊
　　　　　第二章　何小芊
　　　　　第三章　胡　娟、龚胜生
　　　　　第四章　胡　娟
　　　　　第五章　陈丽军
　　　　　第六章　陈丽军
　　　　　第七章　何小芊

《客家传统村落》

编委会主任：陈　川
编委会成员：萧清碧、黄宗焕、李长青、
　　　　　　何烈孝、沈　洁
编写分工：第一章　陈　川、萧清碧
　　　　　第二章　陈　川、萧清碧
　　　　　第三章　萧清碧、陈　川、
　　　　　　　　　黄宗焕、李长青
　　　　　第四章　萧清碧、陈　川、
　　　　　　　　　黄宗焕
　　　　　第五章　萧清碧、李长青、
　　　　　　　　　黄宗焕、陈　川
　　　　　第六章　陈　川、萧清碧、
　　　　　　　　　黄宗焕、何烈孝

《西南传统村落》

编委会主任：刘丹萍、高　璟、吴艳阳、
　　　　　　徐　燕
编委会成员：陈玲玲、刘博宇、郭可欣、
　　　　　　赵昱嫣、郭聪聪、方家刚、
　　　　　　宋尚周
编写分工：第一章　刘丹萍、高　璟
　　　　　第二章　刘丹萍、高　璟
　　　　　第三章　刘丹萍、高　璟
　　　　　第四章　刘丹萍、高　璟
　　　　　第五章　刘丹萍、高　璟、
　　　　　　　　　吴艳阳、徐　燕
　　　　　第六章　刘丹萍、高　璟

《关东传统村落》

编委会主任：朱晓蕾、王福刚
编委会成员：付　卉、甘　静
编写分工：第一章　付　卉、朱晓蕾
　　　　　第二章　朱晓蕾
　　　　　第三章　王福刚
　　　　　第四章　朱晓蕾
　　　　　第五章　甘　静、朱晓蕾、
　　　　　　　　　王福刚
　　　　　第六章　朱晓蕾

《吴越传统村落》

编委会主任：崔　峰、王丽娴、张光明
编委会成员：千继贤、王　瑜、朱晓庆、
　　　　　　尤　峰
编写分工：第一章　崔　峰、朱晓庆
　　　　　第二章　崔　峰、千继贤
　　　　　第三章　王丽娴、崔　峰
　　　　　第四章　王　瑜
　　　　　第五章　崔　峰、尤　峰
　　　　　第六章　张光明

《西北传统村落》

编委会主任：李 丁、苗 红、冶建明
编委会成员：韩雅敏、林 燕、孟 璐、
　　　　　　王文倩、李珍珍、黄 雪、
　　　　　　耿一睿、刘国锋、王 芸、
　　　　　　王 宁、余 洋、王 鑫
编写分工：第一章 李 丁、苗 红、
　　　　　　　　　冶建明
　　　　　第二章 李 丁
　　　　　第三章 苗 红
　　　　　第四章 冶建明
　　　　　第五章 李 丁、苗 红、
　　　　　　　　　冶建明

《滨海传统村落》

编委会主任：裴 丹
编委会成员：黄丽华、严琳霞、李丹洋、
　　　　　　尚珍宇
编写分工：第一章 裴 丹
　　　　　第二章 裴 丹
　　　　　第三章 尚珍宇、裴 丹
　　　　　第四章 李丹洋、严琳霞、
　　　　　　　　　裴 丹
　　　　　第五章 黄丽华、严琳霞、
　　　　　　　　　李丹洋、裴 丹
　　　　　第六章 严琳霞、裴 丹

《黄淮海传统村落》

编委会主任：邢慧斌
编委会成员：魏云刚、孙庆久、佟 薇、
　　　　　　吴 军、马 晓
编写分工：第一章 佟 薇、邢慧斌
　　　　　第二章 孙庆久、邢慧斌
　　　　　第三章 马 晓、邢慧斌
　　　　　第四章 魏云刚、邢慧斌
　　　　　第五章 吴 军、邢慧斌

《巴蜀传统村落》

编委会主任：刘小方、李小波
编委会成员：纪凤仪、冯祉烨、王晓文
编写分工：第一章 冯祉烨、刘小方、
　　　　　　　　　李小波
　　　　　第二章 冯祉烨
　　　　　第三章 刘小方、冯祉烨
　　　　　第四章 纪凤仪

《藏蒙传统村落》

编委会主任：朱普选
编委会成员：明庆中、梁旺兵、曾　谦、
　　　　　　琼　达、罗赟敏、黄　丽、
　　　　　　尚前浪、先　巴、秦　旭、
　　　　　　李　凡、阿荣娜、肖卫东、
　　　　　　史家铭、达　桑、慈尚普、
　　　　　　蒋其平
编写分工：第一章　朱普选
　　　　　第二章　琼　达、肖卫东、
　　　　　　　　　史家铭、达　桑、
　　　　　　　　　慈尚普、蒋其平
　　　　　第三章　罗赟敏、先　巴
　　　　　第四章　梁旺兵、秦　旭
　　　　　第五章　黄　丽
　　　　　第六章　尚前浪、李　凡、
　　　　　　　　　明庆中
　　　　　第七章　曾　谦、阿荣娜

《东南传统村落》

编委会主任：吴荣华、王国栋、郑庆之、
　　　　　　黄丽华
编委会成员：叶乃齐、冯仕晏、曾健鹏、
　　　　　　陈秋晓、邓冰蓉
编写分工：第一章　王国栋
　　　　　第二章　王国栋
　　　　　第三章　郑庆之
　　　　　第四章　吴荣华
　　　　　第五章　吴荣华、王国栋、
　　　　　　　　　黄丽华
　　　　　第六章　吴荣华、王国栋、
　　　　　　　　　黄丽华

《江淮传统村落》

吴小伟　编著

致谢

林丽琴、姜丽黎、宋尚周、谢冶凤、王梦婷、王定镇、王　琳、周爱清、陈建茂、于小强

序言
PREFACE

  进入二十一世纪的中国，城市化进程发展十分迅速。城市化脚步之快，快过了这个社会的思考的速度。在这样一种背景下，大量的农业人口进城，大量的乡村"空心化"，伴随着相当长的一个时期内地方发展对土地财政的严重依赖，在村集体所有制的宅基地制度基础上农民对乡村规划建设的弱势地位，以及其他一些社会经济和文化原因，导致了中国传统村落大片大片消失。正如一大批分布于全国各地，从事各行各业，痛惜于传统村落的快速消亡，钟情于怀念美丽田园生活里的梦幻童年，致力于利用各种方式抢救濒于困境的故土，投身于丰富多姿的乡村文化遗产研究领域的人们一样，五六年前我们几个志同道合的小伙伴，清华大学建筑学院的罗德胤副教授、北京大学俞孔坚教授的学生、古村之友发起人汤敏硕士、浙江桐乡乌镇和北京古北水镇主理人陈向宏先生，发起成立了古村镇大会，并分别在浙江乌镇、山东滨州、北京古北水镇和山西碛口古镇，召开了四次古村镇大会。在办会过程中，几位会议创办人提起了组织编辑出版一套古村研究丛书的想法，这一想法得到了深圳海天出版社的支持，申报了"十三五"出版规划，并顺利获得批准立项。

这套丛书的框架相当庞大，初步设想包括文化区系列、物质文化系列和非物质文化系列。这么庞大的系列，组织起来难度可想而知。为了增强组织和编写力量，我们又邀请了复旦大学中国历史地理研究所所长张晓虹教授加盟。目前推出的十五册，仅是其中第一辑文化区系列。

为什么要从文化区视角组织第一辑系列丛书？这主要基于中国传统村落形成发展于中国广袤的国土、悠久的历史、多民族共融的文化视角的考虑。

从自然地理角度看，中国南北横跨热带、亚热带和温带三个气候地带，东西纵盖60多个经度，具有东部滨海平原、中部山地高原盆地、西部干旱沙漠和高寒山地高原等多种地貌形态，海拔高度又具有从海平面以下数百米到世界屋脊最高峰8848.86米的最大高差形成的垂直气候带和植被带。在这么广阔、多样的自然地理条件下形成的村落，必然呈现出世界上最为丰富的聚落景观和文化形态。

此外，动辄数千年的悠久历史和历史上波澜壮阔的人口迁移与融合，又为传统村落打上了深厚文化底蕴和丰富民族特色的烙印。

基于以上几个条件，实际上，文化区系列的传统村落，从一个较为宏观的层面，而非村落本身，更非民居建筑单体，来呈现和传承中国灿烂多姿的乡村文明画卷。

第一辑文化区系列的传统村落板块，除了第一册《中国传统村落概论》综述其概，其余十四册基本上放在特定文化区的概述、物质文化、非物质文化，以及传统村落文化保护与旅游活化这样一个基本结构内阐述。其中绝大多数分册表述的是一个较为连续的地域单元，如中原、江淮、巴蜀、客家等文化区，这些文化区虽然具有基本上一致的身份认同，但具体绘制到地图上时，并非易事。

文化区属于一种人类认知的范畴，不仅难以提出统一准确的判别标准，而且即使有一些参数可供核准，但在不同的审视者眼里得到的评价结果也会存在不同。另外，人口迁移、现代化冲击和民族融合，也客观存在着两种甚至更多的文化融合，出现了一些所谓的文化叠合区域。例如，在讨论青藏高原时，可以把青海与西藏视为一个整体区域，但实际上青海除了藏蒙文化，在接近甘肃和新疆的部分，也还有相当多的西北文化。此外，在中原文化区与黄淮海文化区之间、中原文化区与江淮文化区之间、吴越文化区与徽州文化区之间，也都存在一定程度的文化叠合现象。

一般情况下，文化区应该是连续的地域空间，但也有个别情况比较特殊，一个是藏蒙文化，它是按照藏传佛教的分布特点来组织的，藏传佛教影响区的村落或集镇，都有围绕喇嘛庙而建设的特点，它们在空间上地域非常广大。另一个是滨海文化，它是按照临海居岛的地理特点来组织的，涉及中国一万多公里的海岸线，北面涉及黄渤海，中间是东海，南部是南海，这些绵长的海岸线和有人居住的岛屿上，形成的岛居海厝不仅独具一格，而且同样彰显中国自身的海洋文化。关于这一点，过去的传统村落研究，常常并未加以足够重视。

包括传统村落在内的文化景观具有丰富的多样性，区域多样性是其突出表现之一。这套丛书力图通过对进入官方视野、获得几个部委共同颁布的传统村落体系的乡村聚落为主要探讨对象的分析，来获得社会更加广泛的注意，让更多的机构和社会各阶层关注传统村落的传承和发展，唤起更多的部门和公众研究传统村落传承和发展过程中存在的政策、法规、理念与价值冲突，共同寻求其解决之道，为中国传统村落这一特殊文化景观的保护和长期发展贡献一份自己的力量。

吴必虎

2020 年 12 月 11 日

于北京大学逸夫二楼

目录

第一章 概述 001

第一节 西北文化区成因与地理分布 / 002
 一、甘肃文化亚区 / 003
 二、宁夏文化亚区 / 005
 三、新疆文化亚区 / 007

第二节 自然环境基础与传统村落分类 / 008
 一、甘肃地理特征与聚落发展 / 010
 二、宁夏地理特征与聚落发展 / 011
 三、新疆地理特征与聚落发展 / 013

第三节 人类活动对传统村落景观形成的影响 / 016
 一、甘肃聚落基本特征 / 018
 二、宁夏聚落基本特征 / 019
 三、新疆聚落基本特征 / 022

第二章 甘肃典型传统村落 025

第一节　河西走廊荒漠绿洲区传统村落 / 026
　　一、绿洲灌溉农业典型村落：高台县罗城乡天城村 / 026
　　二、荒漠草原农牧典型村落：肃北县石包城乡石板墩村 / 037

第二节　黄土高原沟壑区传统村落 / 041
　　一、河谷川道农业典型村落：榆中县青城镇城河村 / 041
　　二、黄土塬坡农业典型村落：正宁县永和镇罗川村 / 046

第三节　青藏高原边缘农牧交错区传统村落 / 055
　　一、陇南山地典型村落：文县哈南古村 / 055
　　二、土司文化典型村落：永登县连城镇连城村 / 063

第四节　少数民族文化副区传统村落 / 069
　　一、肃南裕固族典型村落：肃南县康乐镇大草滩村 / 069
　　二、东乡族典型村落：临夏回族自治州坪庄乡韩则岭村 / 079

第三章 宁夏典型传统村落 087

第一节　银川平原灌溉区传统村落 / 089
　　典型村落：永宁县杨和镇纳家户村 / 089

第二节　山地及鄂尔多斯台地农牧交错区传统村落 / 095
　　一、山间河滩式典型村落：中卫市沙坡头区香山乡南长滩村 / 095

二、荒漠草原式典型村落：盐池县花马池镇
东塘村 / 101

第三节　宁南黄土高原丘陵沟壑区传统村落 / 105
一、山地窑洞式典型村落：固原市彭阳县
王洼镇崖堡村 / 105
二、丘陵山区集村式典型村落：固原市隆德县
奠安乡梁堡村一组 / 111

第四节　回族地区民族传统村落 / 120
回族典型村落：吴忠市利通区东塔寺乡
回族印象村 / 120

第四章

新疆典型传统村落
125

第一节　沙漠绿洲农业文化区传统村落 / 125
喀什典型农业村落：喀什古城 / 126

第二节　盆地农耕文化区传统村落 / 131
吐鲁番典型农业村落：吐峪沟乡麻扎村 / 132

第三节　少数民族传统村落 / 147
维吾尔族典型村落：乌鲁木齐二道桥 / 147

第五章

西北传统村落的保护与活化
157

第一节　西北典型传统村落生存发展趋势 / 158
一、甘肃传统村落生存发展趋势 / 158
二、宁夏传统村落生存发展趋势 / 162
三、新疆传统村落生存发展趋势 / 166

第二节　传统村落保护面临的主要问题 / 169
一、甘肃传统村落保护面临的主要问题 / 169

二、宁夏传统村落保护面临的主要问题 / 174

　　三、新疆传统村落保护面临的主要问题 / 175

第三节　典型传统村落活化概述 / 181

　　一、甘肃传统村落活化现状 / 181

　　二、宁夏传统村落活化案例：固原市隆德县
　　　　城关镇红崖村一组 / 189

　　三、新疆传统村落活化建议和典型案例 / 195

参考文献 / 210

附录：西北传统村落名单 / 214

后记 / 218

中国传统村落文化抢救与研究

文化区系列

Chinese Traditional Villages

第一章

概述

第一节
西北文化区成因与地理分布

我国西北部自然环境复杂，文化类型多样，在人文地理学研究领域中尚无公认的、准确的西北文化区空间边界。本书遵从"中国传统村落文化抢救与研究"丛书中文化区的划分，以甘肃省、宁夏回族自治区、新疆维吾尔自治区等三省区的行政辖区为整体区域，以此定义西北文化区的地理空间。西北文化区在中国历史上是中原文化西去，西域、西方文化东来，以及藏蒙文化交融的地方，故区内既有相对独立的中原文化、藏蒙文化等文化亚区，又有多民族文化相互融合的过渡区。

汉建元二年（前139）张骞出使西域。之后，前121年，汉武帝派霍去病抗击占据河西走廊的匈奴人，华夏文明开始对西域诸国乃至中亚地区产生深远的影响，中原文化开始在西北文化区持续发展和扩散。隋唐之后，西北文化区民族变迁频繁。从河西走廊开始的丝绸之路沿线地区，一直是东西方文化交流融合的地区，也常是地方政权风云变幻的地区，但无论怎样变化，中原文化对河西走廊及沿线地区的影响始终存在，并持续发展。

明代开发河西走廊，从乌鞘岭沿长城至嘉峪关一线，大量移民垦殖，使河西走廊及沿线地区的广阔土地得到了又一次大规模的开发。传统的西北部游牧文化区，农业经济规模逐渐超过畜牧业经济，并形成了稳定的传统农业区和中原文化亚区。

清初，平定噶尔丹、大小和卓叛乱以后，蒙古部落的统治退出新疆和青藏高原。清末民初，河湟谷地、宁夏平原中的回族兴起，以"大分散、小聚居"形式与其他民族杂居，基本形成西北文化区内各民族分布格局与文化区现状。大致格局为：中原农业文化以河西走廊为轴，乘"张掖"之势向西延伸进入游牧文化地区，形成南瞰羌藏，北望大漠，西及葱岭之态。

甘肃东部、宁夏黄土高原黄河流域地区，高山沟壑区主要以旱作农业为主，河谷川道平原主要以灌溉农业为主。耕地破碎，土地利用管理以家庭为主，传统农业特征清晰，应被视为中原文化亚区中完整的黄土高原文化副区。

甘肃乌鞘岭、青海日月山以西至新疆的诸多内流河流域，荒漠辽阔，绿洲稀疏，但从绿洲上发展起来的农业经济繁荣。绿洲经济以灌溉农业为支柱产业，土地平整，集约化、机械化发展程度高，现代农业特征显著，应被视为中原文化亚区中斑块状的绿洲农业文化副区。

西北文化区内高山高原、荒漠草原地区仍然以畜牧经济为主，继续保留了传统的游牧文化特征，应被视为西北游牧文化亚区。

本书因按照西北三省区行政辖区范围分区梳理、描述传统村落，故文化亚区按照行政区划分为甘肃文化亚区、宁夏文化亚区、新疆文化亚区，在各自文化亚区内又细分出副区，并对应传统村落类型和典型案例。

一、甘肃文化亚区

甘肃的人文可上溯八千余年（大地湾遗址），此地是中华民族和华夏文明的重要发祥地之一。民间口传历史也称伏羲、女娲诞生于甘肃。河湟源流、远望昆仑，甘肃因此被誉为"羲皇故里，河岳根源"。周祖农耕（庆阳市西峰区、庆城县）、秦人发祥（陇南市礼县），也尽在甘肃。

西北人文初始，华夷以河（黄河）分界。河东农耕，河西游牧。西汉西扩，河西四郡归化中原；后设凉州刺史部，辖安定、天水、陇西、金城、武威、张掖、酒泉、敦煌八郡。唐代自陇山以西为陇右道，辖区西逾流沙（新疆东部地区）。元代设甘肃省，省名取河西甘州、肃州二州地名合称，简称甘；又因省域大部分在陇山以西，又简称陇。

甘肃省是多民族聚居之地，有汉族、回族、藏族、东乡族、裕固族、保安族、蒙古族、哈萨克族、土族、撒拉族等传统民族。其中，东乡族、裕固族、保安族是甘肃特有的少数民族。现有甘南、临夏两个民族自治州，有天祝、肃南、肃北、阿克塞、东乡、积石山、张家川7个民族自治县。

自汉以后，中原农耕文明以河西走廊为轴向西延伸，在"胡焕庸线"以西形成一条略呈楔形的中原文化亚区，经河西走廊深入西域。明代以来，此楔形区域居民以汉族为主体，以农业为基础产业。其内部可根据自然环境、地貌条件进行细分，乌鞘岭以东为黄土高原文化副区，河西走廊以及后续拓展的类似区域可称为绿洲农业文化副区。南部以祁连山、甘南高原、西秦岭为边缘，形成汉藏文化和区域少数民族文化融合的地带，经济半农半牧，或以农为主，或以牧为主，生产模式主要以家庭经营为主。北部以马鬃山、合黎山、龙首山、巴丹吉林沙漠、腾格里沙漠为界，形成内陆河流域绿洲农业文化和荒漠草原游牧文化的南北分异。绿洲内部的农业经济景观，与荒漠地区畜牧经济景观差异十分明显。

二、宁夏文化亚区

宁夏是中华文明的发祥地之一。前 3900 年左右，宁夏南部地区便已有了原始农业。前 3100 年左右，宁夏南部有些地区便存在村落，并过着定居的农耕生活。前 2500 年左右，宁夏南部有些地区已经出现饲养家畜、死后聚族而葬的现象。之后，由于气候逐渐变冷、变干，生存环境发生了巨大的变化，宁夏境内的古人类农耕文明逐渐迁移或消亡，原有的森林景观逐渐演变为森林草原景观，之后在宁夏境内出现了从北方南下的游牧部落，也就是历史上所说的西戎。

从商周至明清的数千年间，宁夏境内生活过众多民族，形成了农耕文化与游牧文化交汇、汉文化与少数民族文化相融的多元化文化现象。春秋时期便有周天子派兵讨伐宁夏境内游牧民族的历史记载。《诗经·小雅·出车》："王命南仲，往城于方。出车彭彭，旂旐央央。天子命我，城彼朔方。赫赫南仲，玁狁于襄。"战国时期，宁夏地区主要是义渠戎、乌氏戎和朐衍戎的活动范围。秦惠文王在今固原市原州区到甘肃省平凉市安国镇一带设置了乌氏县，这是宁夏境内有史记载以来最早的城。自此之后，封建统治者与北方游牧民族间的对峙逐渐加剧，同时宁夏因特殊的地理位置也成为多民族融合的重要地区。

秦国设北地郡，并派兵在此开垦田地、兴修水利，自此开创了宁夏地区的引黄灌溉历史。汉朝时期，汉武帝两次出巡此地，并设安定郡，实行大规模移民政策，之后出现了《后汉书·列传·西羌传》记载的"沃野千里，谷稼殷积……牛马衔尾，群羊塞道……因渠以溉，水舂河漕。用功省少，而军粮饶足"的繁荣景象。唐朝时期，宁夏境内安置过大量包括突厥在内的北方民族，而且实行具有自治性的特殊管理形式，史称"羁縻州"。安史之乱后，吐蕃、回纥、吐谷浑、党项等民族进入宁夏。五代和宋初，宁夏地区主要有汉、沙陀、党项、吐蕃等民族。北宋、西夏时期，东来的穆斯林商旅大多从玉门、酒泉经西夏属地再转至中原。

1038年，党项族首领鬼名元昊以宁夏为中心，建立大夏国（元代以后称西夏），定都兴庆府（今银川市），形成了和宋、辽、金政权并立的局面。元灭西夏后设宁夏路，这是"宁夏"一词第一次出现在历史上。此后的朝代均以宁夏为名设立行政区划，如明朝设宁夏卫，清代设宁夏府。1928年设立宁夏省；1954年宁夏省撤销并入内蒙古和甘肃；1958年10月25日，宁夏回族自治区正式成立。

回溯历史，自我国进入文明社会以后，宁夏就一直处于中原农耕文化与北方草原文化交替控制区。战国、秦汉时期，因移民、戍兵、屯垦等政策，这里的农区逐渐扩大，牧区逐渐缩小，成为一个半农半牧的地区。魏晋南北朝时期，随着战乱以及各民族的内迁与南下，牧区逐渐扩大，农区逐渐缩小。隋及唐前期，通过大力发展银川平原以及宁夏黄河以西的水利设施，周边的游牧民族受农耕文化的影响，逐渐向农耕文化靠拢，呈现出农耕区明显增加、牧区减少的趋势。中唐之后，因吐蕃的进入，许多农区又转为牧场；唐朝后期逐渐有所改变。西夏时期，这一地区主要以畜牧业生产为主。元明时期，这一带的农耕文化逐渐加快了向北的延伸速度，尤其是明朝时期，很多半农半牧地区基本转为农耕区，结束了农耕与游牧两种生产方式拉锯式进退的局面。清朝时期，这里结束了游牧民族与农耕民族长期军事对峙的局面。

由于地理位置等因素，纵观历史，宁夏境内表现出明显的南北差异。北部的川区地理走势较低较平，年均降水量200—300毫米，引黄浇灌了广袤的良田，孕育出灌溉文化区。西面的贺兰山作为银川平原的"守护神"，不仅阻止了西北高寒气流的入侵，同时也阻挡了来自腾格里沙漠的侵扰，为北部灌溉文化区提供了良好的自然条件。也正是基于此，宁夏成为历代王朝无法忽视的边疆之地。南部山区崖深山高，水土流失严重，地形起伏蜿蜒，年均降水量400毫米以上，六盘山地区可达650毫米，孕育了南部旱作—牧业文化区。宁夏自北向南分为三个文化区：北部以贺兰山东麓的银川平原为主形成的绿洲灌溉文化区，中部以中卫、同心、盐池和红寺堡为主形成的边塞大漠文化及旱作农业文化区，南部是六盘山地区雨水农业文化和中原文化边缘带混合形成的文化区。

三、新疆文化亚区

新疆自古以来就是我国不可分割的一部分，在古代，它是西域（意为西部疆域）的主体部分，是丝绸之路的重要通道和各民族迁徙融合的走廊，在多元一体文化和东西方文明交融的过程中起着极大作用。这片土地上的人民和睦相处、休戚与共，在保卫祖国疆土的同时，积极地开发建设，创造了灿烂的文化。

汉武帝于前139年派遣张骞出使西域，西域各国与西汉政权自此建立联系。前60年，西汉设西域都护府管理西域。西域在清乾隆后期改称为新疆（意为"故土新归"）。1884年，正式建立新疆省，省会为迪化（今乌鲁木齐市）。1949年，新疆和平解放。1955年，新疆维吾尔自治区正式成立，首府设在乌鲁木齐市。

新疆位于亚欧大陆腹地，地处祖国西北边陲，总面积约166万平方千米，约占全国陆地总面积的 1/6。陆地国界线 5700 多千米，约占全国陆地国界线的 1/4，是我国面积最大、交界邻国最多、陆地国界线最长的省级行政区域。

从地理差异来看，新疆地区被天山山脉分割，天山南部为南疆，天山北部为北疆。东端的吐鲁番、哈密与南北疆地区又有所差异。因此，一般将新疆分为东疆、南疆、北疆三部分。以天山为界，南、北疆差异明显。地貌格局和气候环境的差异导致地域资源在上述三地区的差别，进而导致乡土聚落呈现出三种不同的类型。南疆与北疆的生产方式因天山南北自然环境方面的差异而有所区别。自汉代以来，南疆地区的居民以经营绿洲农业为主，绿洲农业是其文化的主要特征；而北疆地区被游牧民族占据，居民过着逐水草而居的游牧生活，因此游牧是其文化的主要特征。

第二节
自然环境基础与传统村落分类

西北文化区内部自然环境差异显著。高山有冰川冻土，高原有森林草原，发源河流滋养绿洲。山脉横亘，荒漠连绵，年均降水量普遍在 400 毫米以下，极干地区（塔克拉玛干沙漠腹地）不足 50 毫米。灌溉农业仅存于河流川道、绿洲内部。甘、宁东部黄土高原沟壑区主要维持旱作农业，且降雨不符农时，旱灾频繁。

西北地区辽阔、干旱、地广人稀，民族杂居，文化多元，农耕、游牧各得其所。人类聚落主要集中在内陆河洪积、冲积平原、黄土塬坡、外流河河谷盆地、河套平原、高原草甸和绿洲湖泊地区。适宜人类居住的空间不足，仅占总面积的10%左右。高寒高原、戈壁沙漠，常被视为生命禁区。

农业产业结构受宏观自然环境制约，以种植业、畜牧业为主，林业、渔业比例较小。区内局部地区从高山山脉到盆地绿洲，垂直高度变化可达5000米，垂直分异清晰。土地宜农宜牧的情况十分普遍，农牧交错区斑驳破碎，受不同民族的传统文化影响，农牧发展比例与民族文化特征关系密切。

自然环境、传统文化决定了西北地区农业产业结构，也决定了传统村落的特征与分布。西北干旱区的河谷盆地、绿洲平原、黄土塬坪、川道地区，水土资源条件相对丰富，在中原文化农耕文明影响深刻的地区，农业经济繁荣发展，人口稠密，形成的传统村落规模大而密集。

西北文化区的农业传统村落，以河川水资源、土地资源为基础，在水土资源集中地区，形成规模与之匹配的大型集村式传统村落。内部有人口稠密、人均土地减少的趋势，剩余劳动力转而从事副业或第二、第三产业，加工业、商业贸易多样化发展，形成特色产业、民俗，历史悠久，传承不衰。

土地破碎，坡耕、旱作山区一般形成散村式传统村落。大型民俗活动通常在附近规模较大的集镇村落举行。大型集村式村落与散村之间，以土地承载力为基础，有规模不同的传统村落。传统村落规模与耕地面积、质量、特色产业有直接关系，与交通区位、商业贸易也有较强的相关性。

西北地区广泛分布草甸草原、高寒草原和荒漠草原。受游牧文化影响，畜牧经济持续发展，但人口相对稀疏，聚落分散，随生产季节变化有流动、迁移特征。同时受宗教文化影响，还有较规律的趋向宗教圣地、参加各种节庆集会活动现象。

游牧文化传统村落形成了以宗教寺院为中心，具有圈层特征的聚落体系。中心地区是围绕寺院生产生活的集村式（定居）传统村落，中心地区外围是靠近牧场的散村式（定居或半定居）村落，边缘地带是季节性牧场散村式游牧居民点。

一、甘肃地理特征与聚落发展

甘肃省境内青藏高原、黄土高原、内蒙古高原拼接，东西跨度1480千米，南北跨度1132千米。东部黄土高原、秦岭西段山脉毗邻陕西；北部内蒙古高原可通内蒙古；南部青藏高原上接青海、下接四川；西部通达新疆。地貌特征集黄土高原、青藏高原、内蒙古高原及其过渡带于一体，构成更加复杂的过渡带特殊地貌。

在绿洲农业文化副区的传统村落，可大致分为绿洲灌溉农业村落、荒漠草原农牧村落。蒙古游牧文化也有成建制的村镇体系，相关内容本丛书另有《藏蒙传统村落》分册详述。

在黄土高原文化副区，传统村落可分为河谷川道村落、黄土塬坡村落。

在青藏高原边缘区多民族混居，藏族、蒙古族、哈萨克族人口较多、分布较广。东乡族、裕固族、回族、土族、撒拉族、羌族分布零散，与汉族杂居或单一聚居。按照自然环境和村落形态可分为河谷集村式村落、山地散村式村落。

东乡族、裕固族、保安族是甘肃特有的少数民族，多民族杂居现象普遍。按照典型村落可梳理为民族文化传统村落（裕固族传统村落、东乡族传统村落）、土司文化传统村落。

二、宁夏地理特征与聚落发展

宁夏回族自治区地处中国西北内陆，其北部与内蒙古自治区相连，南部与甘肃省接壤，东部则与陕西省毗连，其地理环境具有明显的过渡性、复杂性和不均衡性特点。

从地貌类型上讲，宁夏全区自北向南表现出风蚀地貌向水蚀地貌过渡的地理特征。通常将石嘴山市和银川市、中卫市部分地区、吴忠市的利通区与青铜峡等地划分为宁夏北部，将吴忠市的盐池、同心两县和灵武市、中卫市的山区以及中卫市海原县的北部划分为宁夏中部，将固原市及中卫市海原县的南部山区划分为宁夏南部。南部主要以流水侵蚀的黄土地貌为主，中部与北部以干旱剥蚀、风蚀地貌为主，是内蒙古高原的一部分。

从整体上看，宁夏的西、北、东三面被腾格里沙漠、乌兰布和沙漠以及毛乌素沙漠围绕。宁夏北部地势较为平坦，地处宁夏平原地区，以青铜峡为界，宁夏平原的北部是银吴平原，南部是卫宁平原。从地貌单元来看，宁夏平原由黄河冲积平原和贺兰山洪积倾斜平原两大地貌单元组成。黄河自黑山峡穿越宁夏中北部地区，因黄河在宁夏境内的坡度较小，引水较为方便，为银川平原奠定了引黄灌溉的优越自然基础；同时贺兰山对西北气流显著的阻滞和弱化作用使得银川平原拥有了一道天然的屏障，为涵养水源、调节气候、保护灌区提供了良好的生态环境。这样的优势对周围的产业、交通以及居住环境都产生了一定的积极影响，是自流灌溉的理想农业生产地区。人们为了耕作方便，往往依靠河道、渠道聚集，因为这些地区选址自由度较大，规模扩张的可操作性也比较强。引黄灌溉所形成的优良条件使得银川平原灌区的传统村落的分布主要表现出以下特征：一是临水而居，祖辈们凭借黄河便利的地理条件在此生产、生活；二是在平面上呈现出团聚状或串珠状，村落的布局也较为整齐，极少受到地形条件的限制。

宁夏南部与黄土高原相连，地貌以黄土覆盖的丘陵沟壑为主，众山围聚于六盘山。六盘山作为清水河、泾河、葫芦河等的发源地与分水岭，独特的气候条件改变了水热条件的地带性分布，森林资源丰富，是一个天然的林区。宁夏南部是典型的大陆性气候，受东南季风的影响较为微弱，但受北方冷空气的影响较大，这使得南部与北部相比较为湿冷。宁夏南部的村落主要表现出以下特征：一、山地降低了村落选址的自由度，由于山势、高度差等限制因素的影响，山地环境的村落难以形成大规模的聚落形态，主要以星点状的形式分布。二、山地环境的居住建设用地面积也受到了相对的限制，相比北部而言，宁夏南部的村落、聚落常常依山傍水，自然村落一般都依水系和山谷结成聚落，规模较小，且多为整体团状、内部零散型，有些分布在地形适宜的冲积台地、山体交界处，或沿着道路及等高线分布；有些分布在山麓地带，并在山坡台地开辟耕地，聚落形态一般为小规模的组团状，或沿山呈环状，高山地区则零散分布。三、从院落结构上来看，宁夏南部受农耕文化的影响，居住形式以四合院的格局最为常见，在空间上没有统一的规格，结构较为松散。

宁夏中部地区以丘陵和台地为主，处于黄土高原向鄂尔多斯高原过渡地带，自古就是农牧业相互交错的中间地带。由于历史上农耕以及游牧生产方式交替更迭，这里的植被遭到了破坏；同时，战乱以及统治者大兴土木、开垦土地等行为进一步破坏了这里的植被与生态环境。随着人口的增加，人类活动的加剧使得这里的生态环境进一步恶化。宁夏中部处于干旱地带，水资源短缺，这部分地区土壤沙化较为严重，草原退化是这一地区不容忽视的问题。相对于北部和南部，宁夏中部地区面积较为广阔，人口较少，村落的分布主要表现为以下特征：一、以"整体分散、相对集中"的空间结构分布，在干旱风沙地带，如盐池县境内，村落多以团状形式集中分布。二、中部存在大面积的移民新村，主要集中分布在靠近水源的地方，如灌区（红寺堡灌区、盐环定扬水灌区等）以及交通条件较好或距离城镇较近的区域；在旱地、草地以及水源较为匮乏的区域，村落的分布较为分散，且规模较小，而在丘陵山地的村落也多依田而建，分布较为集中但密度小。

结合宁夏地区错综复杂的地势地貌，宁夏传统村落的分类按自然地理分区分为三大主类：由北向南依次为银川平原灌区、宁中山地及鄂尔多斯台地农牧交错区，以及宁南黄土高原丘陵区。在三大主类的基础上，对乡村聚落可进一步划分为集聚型乡村聚落（集村式）、分散团聚型乡村聚落（散村式）、半聚集型乡村聚落。

三、新疆地理特征与聚落发展

新疆的地形地貌由三列山脉和两个盆地组合而成，也就是人们常说的"三山夹两盆"。从北至南依次是阿尔泰山、天山、昆仑山，准噶尔盆地和塔里木盆地被夹在三座山之间，组成了新疆独特的地理地貌形态。天山由西南向东北方向横穿新疆中部，人们常把天山以北称为北疆，天山以南称为南疆。北疆为温带大陆性干旱、半干旱气候，南疆则为温带大陆性干旱气候。新疆大部分地区常年处于干旱少雨的状态，水资源主要来自山脉融雪。

天山属于亚洲第一大山系，对新疆的地理环境和气候产生着巨大影响。在天山区域范围内，众多的山岭峡谷经过山脉融雪长久地冲刷堆积，形成了大小不等、形态多样的山间盆地、谷地，如伊犁谷地、大小尤勒都斯盆地、焉耆盆地、吐鲁番盆地和哈密盆地。天山北坡和阿尔泰山东南坡常年降水丰富，形成了数量众多的河流和湖泊，水源周围草木丰茂，为游牧民族的形成和发展提供了物质条件。

昆仑山脉地处新疆的南部边缘地区，山脉由帕米尔高原、喀喇昆仑山、昆仑山与阿尔金山组成，崇山峻岭之间形成了众多盆地，如塔什库尔干、阿牙克库木、喀拉米兰盆地。昆仑山脉在海拔5000米以上才有冰川积雪，并且少有融化，因此该区域水源奇缺，干旱少雨，草木匮乏，形成了亚欧大陆山地中最为干旱的沙漠景观。

塔里木盆地被天山、喀喇昆仑山、昆仑山与帕米尔高原四面围住。盆地地势西高东低，平均海拔1000米左右。盆地西部水源丰沛，绿洲草木繁盛，日照长、温差大，成就了独特的绿洲农业，孕育了绿洲文明，为村落形成提供了物质基础和生存条件。盆地中部干旱少雨，有中国面积最大的塔克拉玛干大沙漠，其总面积约33万平方千米，也是国内的一项地域奇观。

准噶尔盆地位于天山之北、阿尔泰山以南，被两座山脉夹在中间。盆地整体呈三角形，面积达到38万平方千米，平均海拔在500米左右。盆地南面的平原由天山水流冲积而成，逐步发展成绿洲农业区，盆地中部为古尔班通古特沙漠。

新疆地区河流较多，与之相应的绿洲以及游牧文化随着水资源的变化而更替变迁，水资源变迁对绿洲聚落兴衰具有刚性约束。新疆境内拥有大大小小的河流570多条，河流的水源补给来自山地降水和高山冰雪融水；由于较高的地势落差，水流湍急而下，流至盆地绿洲，流速变得平缓。夏季冰雪融化可以补给下游河域水量，使河流径流量相对稳定，能够保证农业灌溉的需求。

新疆地域辽阔，自然生态环境差异明显。一定的放牧与农田耕作系统对应于一定的地理、气候条件，进而产生不同类型的农业景观，促进聚落呈现出多样化的形态格局。新疆农业景观类型的差异，产生了诸如游牧与农耕、平原与山地、旱地与灌溉农业等聚落之间的重大分别，进而影响到农村聚落的分布结构及其内部形态特征。

总之，在新疆这片辽阔的土地上，农业和畜牧业都有着广阔的发展空间。既有适宜放牧的辽阔牧场，可以使游牧人从东到西，或从西到东连续地迁徙，又有在草原游牧文化副区的伊犁地区草原文化传统村落，还有适宜农业种植的大片绿洲，如在塔里木盆地周边，遍布着大大小小的绿洲。

第三节
人类活动对传统村落景观形成的影响

华夏肇始，河湟以西为西戎、北狄之邦，游牧渔猎居无定所。其后，匈奴、月氏、乌孙、氐羌共存，唯氐羌半农半牧，定居生活。春秋战国时期，匈奴扩张，至秦汉时已经独霸北方，从事游牧生产，逐水草而居，也频繁通过战争掠夺财富。

西汉元狩二年（前121）春、夏，霍去病两次出征河西，全胜而归。"金城、河西并南山至盐泽，空无匈奴"，置武威、张掖、酒泉、敦煌，为河西四郡，屯兵垦殖。修筑长城为"五里一燧，十里一墩，卅里一堡，百里一城"的模式。中原文化模式的军事聚落，在戈壁荒漠迅速产生发展，绿洲内农垦聚落也随移民增加而密集发展，形成了"城、关、驿、卫、营、堡、墩、寨"等聚落名称和地名景观，以及具有军事防卫特征和规模层次序列的聚落体系。

丝绸之路开通后，外来的宗教、文化、艺术接踵而来。西北文化区佛教、伊斯兰教文化传播传承，并本土化发展，保留了大量宗教遗迹和文化景观。隋唐以后，此区域民族更迭，吐蕃、突厥、鲜卑、契丹、党项、蒙古等游牧民族繁衍生息，农耕衰退，游牧文化繁荣强盛。

明朝大量移民河西，中原文化再次沿河西走廊向西北扩散。清初，准噶尔贵族叛乱，清廷自康熙二十九年（1690）至乾隆二十二年（1757）多次对准噶尔用兵，历经近70年艰苦平叛，长城内外尽归一统。整体的西北文化区作为统一的国家政治地理单元，迎来了持续数百年的中原文化广泛的扩展扩散和迁移扩散，对多元文化的交流融合、民族的团结稳定、生产生活技术水平的提高、社会文明的进步，均产生了深远、广泛和积极的影响。

中原文化的扩散传播，也促进了此区域传统村落人文景观与陕北、关中中原文化核心区趋同发展。农业经济是主要社会经济形式，农业景观是最清晰的传统村落景观。土地利用景观以绿洲平原灌溉农业、黄土高原旱作农业为主要类型。人们在绿洲平原、河谷川道、黄土塬坡地区，依路、依河，或连片耕地中心地区选址，集村建设。在高山高原、沟壑边坡、荒漠草原地区，依山、依水、依井，或在碎块耕地周边选址，散村建设。

大型村落剩余劳动力密集，人均土地少，故在城市化快速发展过程中，青壮劳动力外出务工比例高。村落留守居民以老人、妇女、儿童居多。散村边缘地区居民搬迁愿望强烈，举家搬迁到就近的大型村落，或进城务工改变家庭生计，故农村房屋、土地遗弃、撂荒严重。

大型集村式传统村落依托市场经济的发展，凭借新农村建设、美丽乡村建设等政策的推动，能维持规模或者进入转型跨越式发展阶段。边远散村式传统村落随着精准扶贫政策、转移安置等的推进而逐步衰落，甚至自然消亡。

在中原文化与藏蒙文化过渡地区，受农耕文明影响，各少数民族也逐步趋向定居、半定居生产生活，部分宜农宜牧土地逐步转向农业生产。因游牧文化土地利用与草原生态承载力制约，人口相对稀少，局部集中现象普遍。在宗教文化中心地区形成定居集村式村落，外围至边缘地区的牧场和季节性牧场，逐步从半定居散村式村落过渡到季节性游牧居民点。

少数民族地区农牧发展政策扶持力度大、补贴优厚，城镇化发展移民搬迁、定居安置条件也优厚，还出现老人、妇女、儿童率先进城定居的现象。虽然也有外出打工者，但牧区仍有一定比例的劳动力留守从事畜牧生产。牧区牧民家庭收入和家庭生产生活资源的拥有量大大超出农区农民家庭。

牧区大型聚落与城镇化快速发展超过了农区。在牧区，机械化发展十分迅速。只是青少年群体很少返回牧区就业，部分牧区也出现了"末代牧民"现象。

一、甘肃聚落基本特征

明筑边墙（长城）西至嘉峪关。在甘肃境内基本沿汉长城平行修筑，同时大量移民、军屯、农垦，恢复、发展绿洲灌溉农业经济。黄土高原、河谷绿洲的农业聚落再度繁荣发展。

清朝以后，农耕文明突破长城阻隔，大兴水利。凡宜农土地，皆有开发，形成了目前河西走廊绿洲灌溉农业、黄土高原旱作农业和青藏高原边缘区半农半牧的农业生产格局。各类传统村落也在各自生态环境与社会经济基础上产生、发展，继而繁衍传承。

绿洲农业文化副区（包括河谷川道、黄土塬坪）的传统村落，依河、依渠、依路，或依平整地势选址。通过兴修水利，改造、建设，自然绿洲逐步向人工绿洲演变。

大型传统村落规模通常以水资源、耕地面积等条件为基础，村落建设也多有各历史时期的"城、关、驿、卫、营、堡、墩、寨"军事规制背景，或以衙门、寺庙、书院、作坊等大型建筑群为中心，集中建设民居。大型村落内部形成"十"字街道或"井"字街道，多有城门、城墙遗存。

建筑规制以"堂屋（上房）、厢房（厦房）""堂屋、两厢房"院落为主。富贵家族也有"四合院"院落，贫困门户只有"上房、柴（草）房"等简陋庭院。单体建筑，除官制大户、宗教建筑采用"人"字屋脊，一般家庭普遍选择"一坡水（一面顶）"山墙屋脊，便于院内收集雨水、保持恒温恒湿。屋顶用方砖或泥平铺，用材主要是土坯、青砖、木材。

土地宜农宜牧地区，家庭养殖棚圈均为标配，面积占庭院面积一半或更多。

黄土高原沟壑边坡地区，传统村落选址均依山就势，尽可能向阳避风，近路近水。六盘山以东因黄土黏性适宜，传统村落多修筑窑洞，开放式院落多无围墙。有靠山窑、独立窑、下沉式四合院窑洞等类型。普通人家多为土窑，省工省料，大户人家也有砖箍。窑内有炕，冬暖夏凉。一门一窗，通风采光。窑洞用途多样，有客窑、厨窑、柴窑、粮窑、磨窑、羊窑、牲口窑、车窑等。

随着家庭财富的积累，窑洞之外，大多数农户还在院落向东、向阳方向修建房屋。冬夏住窑洞，春秋住房。经济条件良好地区逐步扩大房屋规模，兴起了小二楼、多层楼房的建筑，窑洞逐步被淘汰、废弃。

二、宁夏聚落基本特征

从宏观来看，宁夏北部以宁夏平原为主。宁夏平原地处气候二燥、降水稀少的生态脆弱地带，是宁夏地势的最低之处。宁夏平原地处西北边塞地区，历史上交通闭塞，战乱频发。黄河的存在，为宁夏北部引黄灌溉发展农业提供了一定的条件。加之各个历史时期宁夏在军事政治上的特殊地位，农业屯垦移民和军事驻守频繁，经过长期的人口迁移与融会，逐渐形成宁夏平原地区的人文景观。军事屯垦边防系统使得宁夏北部形成固定的堡、寨等人居聚落。随着宁夏平原地区军事功能的弱化，聚落在空间分布上向平原内部逐渐分散开来，基本形成城镇、堡寨、自然村落三个等级分明的聚落形态。从整体上看，宁夏平原的聚居地主要集中在引水便利、耕作方便的平原南部与卫宁平原中部。从村落的形态来看，宁夏平原灌区因其地势平坦，交通道路受到的限制较少，是水稻种植的集中区，村落之间的道路网密集，村落建筑也较为集中，多围绕村镇，选址多靠近水源地。

宁夏中部地处干旱地带。早在新石器时代，中部境内便有先民在这里休养生息，如海原县境内的菜园遗址，相当于中原仰韶文化的晚期，具有鲜明的土著文化特征。其遗址中有结构完善的窑洞式房屋，生产形式以农业为主，还兼具畜牧业、渔猎等。历史上，宁夏中部地区因滥垦、滥伐、滥牧，生态环境较为脆弱，沙漠化与北部、南部相比，较为明显。从聚落的分布状况来看，自然资源、生态环境的好坏影响了聚落的分布。干旱风沙区的聚落整体上较为分散，一般呈团状聚集，如盐池县村落的分布状态。从聚落的聚集密度来看，靠近风沙区的聚落密度较低，靠近南部山区的聚落密度较高，如中卫市海原县、吴忠市同心县的聚落密度明显高于吴忠市盐池县、红寺堡区。在农村聚落的选址方面，中部干旱带的自然资源在整体上分布较不均衡。相对而言，农村居民点主要集中分布在靠近宁夏北部的灌区平原，如青铜峡到麻黄沟一带的居民点。中部地带草场分布较多，其中盐池县的草场最多，且全县分布较为均匀，村落一般依靠草场、草地分布，因此整体而言，分布状况较为分散。靠近宁夏南部的地区林地较多，如海原县、盐池县麻黄山乡等地，这一地带的村落在选址上以靠近水源为主，一般随水流呈带状分布。交通也是影响村落选址的因素之一，很多中部地区的聚落不同程度地受区位条件、交通可达性的影响，一般沿主要交通干线呈带状分布。

宁夏南部多山地，村落多处于较为平坦的地方，如山间盆地或平缓的山坡处，且多在山北顺应山势建造房屋，房屋随着地形灵活布局，如随等高线建造房屋。与北部、中部地区相比，南部地区气温较低，雨水较充沛，以坡屋顶为主，屋内多砌有火炕。南部地区地处黄土高原西北边缘，黄土多属砾石黄土，覆盖较厚，一般在90—100米之间，直立性较强，这样的环境便于窑洞的建造，因此存在大量黄土窑洞，以靠崖式窑洞为主，多在东西向的沟畔崖面或者斜坡面上。南部山区彭阳、隆德境内还分布少量下沉式窑洞、人工箍窑。

整体而言，宁夏村落以集聚型、分散型、半集聚型为主。集聚型乡村聚落多出现在人口密集的旱作农业区，规模各有差异，从数千人到几百人不等，房屋一般集聚在一起，多为团状、带状、环形、棋盘式布局。其中，团状村落的房屋比较集中，一般位于平原和盆地，平面形态呈近圆形或者不规则的多边形，多以道路交叉点、水源或寺院等为中心。带状村落大多沿河谷或主要交通线分布，有的带状村落为了避免洪水浸淹，沿高地分布。环状村落一般分布在山区，多位于山坡或山坡与平地相接的地方，也有的分布在水源地、湖水沿岸。分散型乡村聚落，大多分布于山地、丘陵地区或宁中荒漠草原区。半集聚型乡村聚落多分布于宁夏南部山区，一般有10—20户人家，土地多集中于小村周围，便于耕种。

三、新疆聚落基本特征

战国至秦时期，新疆地区的人们开始在塔里木盆地周围的绿洲及山间盆地农耕。农业耕作将人们的生活地域固定下来，出现诸多较为固定的聚落。聚落大多修筑城郭，史称"城邦诸国"。

这个时期活跃于河西一带的月氏游牧部族逐渐强盛起来，活动范围扩大，向西发展到阿尔泰山，东部到达天山东端。

到了汉武帝时期，开辟了一条横跨欧亚大陆的经济文化大通道，这条通道就是闻名于世的"丝绸之路"。这条东西方文化交流沟通的通道，让古老的中华文明开始走向世界，使沿路地区共同繁荣发展，共同进步。新疆处在东西方连接的地理位置上，是古时东西方文化融合、经济贸易往来的重要地域和交通要道，各种族、各民族迁徙、定居、角逐和交会融合于此。正是在这样不断融合的过程和背景中，在近水的绿洲、山谷、河流冲积扇等处形成或集中或分散的大大小小的村落，特别是便于灌溉和排水、有利于农业生产而交通相对便利的地方，村落规模逐渐膨大，形成集镇或区域性经济中心。

新疆传统村落有游牧生产方式的，也有农业生活方式的，有进行迁徙游牧的，也有围绕绿洲或在农田旁边定居的。村落的形成过程和组织形式，既受生活、生产场所地理环境的影响，又受新疆地区悠久的历史、多元的文化、宗教和经济发展等因素的影响。这些因素一定程度上决定着村落的形态，不同背景的生产生活方式产生了不同的聚落特点。在距今约5000年前，天山以北的氏族社会以游牧为主要经济生产方式，聚落需要随季节等变化不断迁徙。

到了先秦时期，天山北部人民"畜牧逐水草"，用毡帐建成临时住所，史称"行屋"。这些毡帐随着季节气候的变化而跟随人们迁徙，夏季毡帐驻扎在水草丰美之地，冬季需要迁往相对温暖的地区躲避严寒。而天山南部长期保持着农业耕作的生产传统，耕地依水而定，人们逐水而居。为了方便农业生产，聚落的分布会随着水源呈带状或者片状分布。

新疆发展至今，聚落体系已经成型，各级别的聚落均分布于大大小小的绿洲上。传统村落经过漫长的、复杂的历史演变，存留至今的数量稀少，却是物质文化遗产和非物质文化遗产结合为一体的瑰宝。

第二章

Chinese Traditional Villages

中国传统村落文化抢救与研究
文化区系列

甘肃典型传统村落

第一节
河西走廊荒漠绿洲区传统村落

河西走廊是我国历史上开发最早的地区之一，自古便是一个由雪水灌溉、适宜农牧业发展的地区，是兵家必争之地。广大的山前平原地区"无水是沙漠，有水成绿洲"，其农业的特点是"非灌不植""地尽水耕"。河西走廊地多水少，水土资源极不平衡，绿洲只能依水存在，故在辽阔的干旱荒漠背景下呈现不连续的斑块状分布。河西走廊的绿洲村落主要分为绿洲灌溉农业村落和荒漠草原农牧村落两种类型。

一、绿洲灌溉农业典型村落：高台县罗城乡天城村

自古以来，河西走廊就是我国和中亚、西亚经济、文化交流的重要桥梁，是中华民族灿烂文化的重要发祥地。其灌溉农业有2000多年的历史，自汉代实行屯田和徙民实边以来，河西走廊就是西北内陆河流域绿洲灌溉农业的宝地之一，所以就自然发展形成了一些独具绿洲农业特色的传统村落。

（一）村落概况

天城村，位于高台县城西北60千米，地处黑河下游北岸，是

图 2-1
天城村全景

张掖、酒泉和内蒙古额济纳旗交界的三角地带。其三面衔山，一水环绕；地势东北高，西南低，东部、北部、西部均有山，中部为小盆地，属于绿洲区；平均海拔在 1260 米左右。

（二）民居建筑

天城在历史上地处边防要地，为了防御外患，居民筑城堡集中居住。城内设有四大街八小巷，居民有贫富差异。民国以前，一般人家盖房为简易木架房，墙体用土坯砌成，屋顶铺盖草泥；富裕人家多盖穿斗式木结构房屋。20 世纪 60 年代以来，随着农田基本建设的大力开展，居民建房按统一规划，成排建房，形成街道，村容村貌和卫生条件有了很大改观。80 年代，新型建筑材料在民房建设中普遍应用，一般人家盖砖、土、木结构房；经济条件好的盖砖木

图 2-2
天城村古民居

图 2-3
天城村新民居

结构房，墙壁用石灰粉刷，门前种花草树木。90 年代，人民生活水平逐步提高，走廊式全封闭住宅出现。

（三）文化遗迹

1. 长城、烽燧、关隘

汉长城：位于天城村东北的戈壁滩上，南起侯庄村，北至镇夷城北前山庙遗址的山嘴墩，长3.5千米，修筑于汉武帝太初三年（前102）。长城东北一段保存完好，被定为县级文物保护单位。

汉烽燧：坐落在城北的荒墩山上，距天城约2.5千米，建于汉武帝元鼎五年（前112）。长6米，宽5米，是用混合芨芨草的土坯砌成，和明烽燧的建筑风格完全不同，河西地区仅此一处。是省级文物保护单位。

兔耳关：据《中外地名大词典》记载："兔耳关，甘肃省高台县75千米处，镇夷城北15千米。"此关隘在黑河下游兔儿墩附近，因烽燧而得名。此处是自汉朝以来屯兵的重要关隘，汉将军赵通曾领兵驻扎过。

明长城：明永乐元年（1403），甘肃镇总兵宋晟在山湾要冲没镇夷城，天城段明长城的修建因地制宜。东段从山嘴墩，经胭脂堡连接高台，是以汉长城为基础进行连接的，被群众称为二道边墙（头道边墙指汉长城），现遗迹尚存。

图2-4
明长城

图 2-5
明烽燧

明烽燧：大多修筑于明嘉靖、隆庆、万历年间。乘车进入正义峡景区，举目就可看到，荒墩、蟒墩、井子墩、新墩、月牙墩、兔儿墩，这些墩都建在悬崖峭壁的顶上，历经几百年的风雨，仍然保存得比较完好。

2. 镇夷城遗址

镇夷城建于明洪武二十九年（1396），设在黑河之北。

城呈方形，开南门，城高 9 米，长 600 米，城墙厚 6 米，总面积 36 万平方米。

南门外筑瓮城两道，呈螺旋形，各建城门。外围门上建龙虎楼，门前置吊桥。内瓮城置中门，用青砖砌成，门扇用铁皮包裹，门额上刻"天城锁钥"4 字。第三道城门直通城内，上建日月楼。四角城墩呈圆形，上建岗哨楼。四面城墙分段筑墩 12 个。北城中墩建玉皇楼，楼两侧墩建高炮台（内置大神炮，是防御对方进攻的主要设施）；东城中墩建牛王楼；西城中墩建观音楼；南城东侧建魁星楼，西侧置镇水猿；其他各墩高于城墙，是指挥军士对抗攻城方的主要场所。

3. 正义峡

正义峡俗称天城石峡，地处甘肃省张掖市、酒泉市和内蒙古自治区额济纳旗交界之地，是黑河西流的唯一孔道。周围连绵的群山，如一道阻隔漠外的天然屏障，故有"天城锁钥"之称。历史上向来为兵家所看重，故取名"镇夷"，自然是凭借险要地势，阻止和镇压外夷入侵之意。后镇夷更名为正义，正义峡也由此得名。

正义峡山高水急，波涛汹涌，黑河水切断似的把合黎山分为两半。两边山崖险峻，多怪石奇峰，天然形成一处奇观。石峡中段稍微开阔，河边土壤多沙，生长着一大片胡杨林。峡中山间古迹众多，其中又以霍王庙、赵公井和闫相师碑尤为著名。

图2-6
正义峡

黑河古渡、苏台云香、紫塞平沙、赵墓烟冥、石峡晚翠、红崖早霞、东山峭壁、西岭生盐是正义峡八景。明代诗人岳正观后分别以此八景为题赋诗赞赏，一时名播四方。

4. 天城香山寺

香山寺，建于明成化年间，位于正义峡口的西山上，当地人称西山寺，高约 300 米。寺庙顺应山势而建，气势宏伟，布局合理，是高台境内的宗教圣地。每逢四月初八佛诞日，各地信士和其他百姓都来此诵经念佛。各地戏班还要唱大戏助兴，也有卖小吃的，卖耍头的，卖针头线脑的。该寺于 1958 年被拆毁。

5. 龙城古道井子沟中的石门、井子泉和截沙

古道是沿着弱水通往龙城的，地处天城村城北的井子沟是必经

图 2-7
天城香山寺遗址

之路。高台旧县志《汉将军霍去病传》里记载："其夏复出北地，深入二千里，过居延攻祁连山，得首虏三万级……"霍去病就是率大军穿越井子沟抢渡黑河，南下攻克张掖的。汉将赵通在兔儿关隘设防，就是为防敌人从井子沟入侵。在明清两朝中，天城设陕甘镇夷千户所时，毛目、金塔、居延一带兵马的调动，粮草的供给，都是走的这条道。时至今日，现存的遗迹有：

石门：是进入井子沟的隘口，山势险峻陡峭，通道极为狭窄，曲曲折折，乱石挡道，只能容一车通过。

井子泉：井子沟里有一口神奇的泉水井，此井水味甘甜，人畜可饮，常年不枯竭也不溢出。

截沙：被群众称为截沙的沙漠，在井子沟的北端，距天城约15千米，是巴丹吉林沙漠的一部分。"弱水流沙"即指此处。

（四）文化遗产

1. 天城陈醋

天城陈醋有悠久的酿造历史，据传，最早可追溯至汉武帝开发河西以后。由于独特的酿造工艺和得天独厚的水质、气候等自然条件，天城陈醋的醋味香浓、醇厚。长期以来，天城家家户户一直把陈醋当作赠送亲朋好友的上好礼品之一。

2. 天城戏剧

天城在历史上流传下来的剧种有秦腔、眉户两种。戏剧演唱活动是当地戏曲爱好者自己组织起来的。1956年，天城村组建了业余剧团，排演眉户剧《白毛女》《梁秋燕》《刘胡兰》，后来又相继排

图 2-8
天城陈醋

出《三世仇》《血泪仇》《瓜田记》等剧目。"文化大革命"期间,剧团改为"毛泽东思想宣传队",集中力量排演样板戏,排演歌颂党和社会主义的小型戏剧和歌舞。1977年11月初,传统剧目放开演出,业余剧团又开始排演秦腔历史剧。到1979年已排出历史剧12本,后来义务演出转为营业性演出,受金塔县双树村邀请,出演一月余,场场满座,深受欢迎。联产承包责任制实行以后,外出演出停止,本地只在主要节日期间演出几场。

3. 天城宝卷

宝卷是一种流行于民间的说唱文学,它由历史人物、民间神话、传说和戏曲故事等演变而来,其目的主要是教化人心。天城宝卷有《沉香宝卷》《二度梅》《包公错断颜查散》《孟姜女哭长城》《寡妇上坟》《卖油郎独占花魁》《黑驴告状》等十多种卷本。念卷者说唱念结合,委婉动听,曲调优美,很受人们喜爱。

（五）民风文化

1. 高台有个"百姓"村

1949年后，天城村被分为天城、侯庄两个村子，但当地人还是习惯将两个村子统称为天城村。据2000年出版的《天城志》记录，1999年，天城、侯庄两村的姓氏达到了93个，且全部是单姓。据村中老人介绍，1999年后，天城村"米"姓人家自然消亡；近年来，通过嫁娶，天城、侯庄两村又增添了"鞠""佘""尹""甘""廖"5个姓。如今，两个村的总人口虽不足3000，却有97个姓氏，全国罕见。

2. 饮食文化

天城村以食用小麦面食为主，兼食杂粮。面食花样繁多，风味各异。传统面食有拉条面、炒面片、臊子面、汤面条、汤面片、水饺、包子、花卷、馒头、烧壳子、油饼子、炸麻花、烫烙饼等。风味小吃有蒸粉、凉粉、面筋、米糕、醋粉子、韭盒子等。肉食有红烧肉、手抓肉、酸辣肉、香肠肉等。冬季用菜有腌沙葱、咸辣椒、酸白菜等。

3. 传统节事

除了一些传统节日，天城村还有一些特殊的节日活动，例如二月二、四月八、五月十三（关老爷纪念日）、六月六、十月初一祭祖、腊月二十三祭灶等。

二月二为龙抬头日。历代天城人在二月初一开始举办龙灯秧歌会；初二舞龙至二渠口热闹一天，称"龙戏水"，以示风调雨顺，丰收在望。同日，家家户户做煎饼，有补天之意。男子在此日理发，称为龙头；老人留胡子，称龙胡子。

四月八为释迦牟尼诞辰日。天城在香山寺举办大型庙会，车马人群蜂拥而至，商贩争相设点，进香、游观者络绎不绝；前有艺人登台演戏，后有寺庙念佛说教。

六月六被认为是一年中最热之日。此日拂晓，妇女到田间拌露水，以防热血来潮；并到渠旁拔薄荷和百样草，作为饮茶和为婴儿"洗三"沐浴的用料。有腰腿病患者，在中午阳光灼热之时，到沙滩处用沙埋腰腿部，以祛风除湿。

（六）农业发展

天城村总面积334平方千米，其中耕地面积4538亩，林地2000亩，南滩草场5万亩，是高台县发展畜牧业的重要基地。

天城村土地全部实现条田化、林网化，排阴治碱，渠系配套，农业生产发生了巨大变化，高效农业面积逐步扩大。随着农业机械的推广使用，畜牧产业已转变为提供肉、皮、毛等以增加经济收入为目的的新型产业，农业经济向专业化、商品化方向发展。改革开放以后，个体经济迅速发展，为市场提供了大量的商品资源。本地产品大部分运销外地，经济收入逐年增长，人民生活已初步达到小康水平，发展前景非常喜人。

二、荒漠草原农牧典型村落：肃北县石包城乡石板墩村

河西走廊荒漠草原以荒漠为主，在历史上为多民族活动区域，农牧业交替转换频繁发生。经过汉武帝时期及之后百余年的开发，河西走廊由一个古老的牧业区，转变为"谷籴常贱"的内陆河灌溉农业区。西晋到唐初，河西走廊又由农牧兼重转变为以牧为主。清代河西走廊适于耕种的土地都被开垦殆尽。荒漠草原农牧村落是河西走廊极为常见的一种村落类型，石包城乡石板墩村为其中典型。

（一）村落概况

石板墩村地处祁连山脚，坐落在酒泉市肃北县城东北 148 千米处，石包城乡西南部。因地处偏远，地广人稀，在肃北县城难以租到车，必须乘越野车在当地人的带领下才能到达村子。村子平均海拔 2200 米左右，属大陆性气候，春季干旱多风，夏季雨量集中，秋季温和凉爽，冬季干冷少雪，年均降雨量 131 毫米，年平均气温 5℃，年无霜期 156 天。全村以畜牧业、旅游业综合发展为主。2017 年入选第二批中国少数民族特色村寨。

（二）民居建筑

1. 牧民定居点

牧民定居点为蒙古包样式的特色建筑，于 2013 年建成，牧民多在秋冬季节入住。单栋建筑由 3 个砖混结构蒙古包型建筑组成，全长 20 米，宽 18 米，外加庭院，顶为圆锥形，防风抗震，保温性

强，可终日采光，在样式上融合了传统蒙古包特点和现代建筑元素，集中体现了少数民族经济社会发展和文化的特点，已建成定居点 30 套。

2. 传统蒙古包

蒙古包是肃北县蒙古人的日常居住地。蒙古包看起来外形很小，可打点成行装，由几峰骆驼运到落脚点，包内使用面积却足够大，且空气流通，采光条件好，冬暖夏凉，不怕风吹雨打，非常适合终年赶着山羊、绵羊、牦牛、马和骆驼的放牧民族居住和使用。

蒙古包主要由架木、苫毡、绳带三大部分组成。整体呈圆形尖顶，顶上和四周以一至两层厚毡覆盖。普通蒙古包，顶高 3—5 米，围墙高 1.5 米左右，包门朝南或东南开。蒙古包大小不等。肃北蒙古族一般以"头"为单位计算大小。一个头为一个房杆。最小的蒙古包有四十头的，面积十几平方米；牧民一般居住在六七十头蒙古包内，面积二三十平方米大小，视家庭人口多少和富裕程度而定。

一顶蒙古包，既是寝室、客房，又是厨房和储藏室。牧民对包内各地方的用途已约定俗成，形成了明确的习惯。如包内对门的正上方是最上的地方，曾摆设佛龛，现摆上箱子、镜框或挂上画框等。右上方是接待客人的地方，右下方摆放小型生产工具；左上方为主人所坐，左下方摆放炊事用具。房中央放置火炉，用以烧水、做饭、取暖；火炉的烟由天窗直通包外。

蒙古包的最大优势是易拆装，宜搬迁。架设时将铁尔木（蒙古包围墙支架木）拉开便成圆形围墙，拆除时将铁尔木折叠合拢。

（三）民风文化

1. 饮酒习俗

肃北蒙古人注重饮酒礼节。在举行重大集会和庆典时，首先要对客人敬迎宾酒，即一杯马奶酒，献上一条哈达。在欢迎宴会上，会有名目众多的欢迎酒、洗尘酒、祝愿酒等。客人离开时，要敬上出门酒、上马酒或上车酒等。在蒙古包做客，还有"戴吉"的礼节。主人打开酒瓶后，在瓶口上放一小块酥油作为"戴吉"物，双手捧着酒瓶敬给客人，客人先用左手扶住放有"戴吉"物的酒瓶，然后用右手的无名指轻轻地蘸一下"戴吉"物，往自己的嘴上一抹，即完成"戴吉"礼节。大家依次"戴吉"后，开始敬酒。敬酒者一般都用双手将酒杯举过头顶，敬献给客人。客人接酒后，用左手端着酒杯，以右手的无名指轻轻蘸酒向空中弹去，如此反复三次，口中轻声念出吉祥祝词，表示敬天、敬地、敬祖先和对佛、法、僧三宝的祈祷，然后再喝完酒。

在聚会饮酒时，敬酒者一般都要唱着歌给大家敬酒。客人告别时，还有欢送的歌唱给客人，表示挽留，并要敬上送别酒。

2. 服饰

肃北蒙古族的帽子以御寒和防尘沙为主，其装饰颇具民族特色。帽子分冬帽和夏帽。男式冬帽为平顶双层圆形，内层为棉布，外层为白羔皮；男式夏帽为平顶圆形尖帽，内衬棉布，外附平绒等布料。女式专用帽是圆锥形高尖帽，尖端有红穗子，帽檐是白色羔羊皮，为环周檐。男女通用帽是貂皮耳子的藏毡帽或大礼帽。现在妇女多用彩巾裹头。

袍子式样近似藏袍，但比藏袍瘦、短一点，其镶边的花纹图案与藏袍也有区别，富有当地特色。

腰带是蒙古族男女同胞穿袍子时的必备用品。除举行婚礼时新娘的外裙上不束腰带外，其他时候不论男女老少均束腰带。

至于鞋子，多穿软筒牛皮靴。这种皮靴筒高近膝，一般都用上好的牛皮制作，工艺精美，质地厚实。靴子里常垫上毛毡，穿着舒适保暖。

（四）民俗非遗

1. 那达慕大会

作为少数民族特色村寨，石板墩村每年都会在梦柯阿木古楞敖包举办敖包祭祀暨那达慕大会，当地的牧民群众、周边县市的居民、矿山企业职工都会慕名而来，领略蒙古族歌舞以及骑马、搏克、射箭等"男儿三技"的独特魅力，体验浓郁的民族风情。

2. 敖包祭祀

敖包是蒙古族牧人在自己游牧的区域内，选择一个幽静之所，用石块堆起来的圆堆。祭敖包初时是祭天地、地方神祇和祖先等，后演变成祭家乡风水神的风俗，又带有群众性集会、游艺、祈雨的活动。祭敖包的时间一般在农历五六月间牧草返青季节。

到了祭敖包当日，人们穿上新衣，骑上好马，从四面八方来到敖包前。之后，从山包的西南登上中心敖包，由西向东绕着敖包顺转一圈，来到敖包正前方香案前叩拜和燃香，并将从很远处带来的石块加在敖包上，用五颜六色的哈达、布条、柳枝、大小彩旗和绿马等将敖包装饰一新。同时敖包前的祭案上，摆上全羊，两边摆上牧民奉献的鲜乳、奶酪、酥油等红（肉）、白（奶）食品，喇嘛们念一种专门的经文。喇嘛们念经完毕，又开始燃烧柏叶。参加祭祀的人们，不论僧俗尊卑，都大襟铺地，向着敖包三拜九叩，祈祷风调雨顺，五畜骤增，无灾无病，绿马飞腾（好运常在），继而将马奶、醇酒等泼洒到敖包上，接着献哈达、举佛灯。最后众人双手托举哈达、食品等物，口喊"拉尔吉哈拉鲁"（藏语，表达的意思是对家乡的热爱与崇拜），举行招福致祥的仪式，至此祭祀便结束。

第二节
黄土高原沟壑区传统村落

黄土高原是华夏文化传承的主要区域，周人发祥地就在甘肃庆阳，秦人发祥地在甘肃礼县。千沟万壑的黄土高原地形是甘肃省三大典型地貌类型之一。农业生产、居民生活受水资源和地形限制，传统村落主要集中在河谷川道和黄土塬坡地区。

一、河谷川道农业典型村落：榆中县青城镇城河村

甘肃省黄土高原沟壑区属干旱半干旱地区，河谷川道是农业生产的天赐宝地。区域内外有黄河、大通河、大夏河、洮河、庄浪河、

渭河、泾河及其支流。河漫滩与河流一、二级阶地，经过水利灌溉工程改造，是黄土高原地区宝贵的灌溉良田。传统村落或依河而建，或坐落阶地，形成了河谷川道灌溉农田和集村式村落景观。河谷川道村落是甘肃早期最富庶的传统村落，榆中县青城镇城河村是其典型代表。

（一）村落概况

青城镇在榆中县最北端的黄河南岸，虽交通不便，却因是历史文化名镇而广为人知。北出兰州沿榆中北山公路仅90千米，但山路崎岖，非三四个小时不能到达；北绕白银高速公路150千米是最快路线（有40千米县乡道路），也要耗时两个小时。传统交通走水路，经兰州顺黄河而下，仅60千米出大峡到达青城，羊皮筏子一日里程，这是其成为水路运输重要节点的原因。甘肃公路、铁路修建之前，青城一直是传统的水旱码头和商贸中心。

（二）民居建筑

由于东西客商云集，本地财富积累，高门大宅古建民居遗存丰富，虽偏居西北，建筑风格却有山西大宅院风味。现存50多处民宅，有四合院、三合院（包括堂屋和厦房）、"一坡水"古建筑，具有一定的文物价值、观赏价值和研究价值。

古民宅大多数建筑于清康熙、乾隆、嘉庆、道光年代，也说明当时是财富积累时期。它们主要分布在城河、青城、新民3个古村落。有明代建筑1处，清代建筑33处，民国建筑15处。其中完整的四合院有12处，比较完整的四合院有18处，残缺的有14处，仅存门楼的有16处。这些古民居的砖木雕刻艺术也非常精湛。从大门到照壁，从堂屋到厦房，从墙肘到屋檐，从门扇到窗户，处处都有精美的图案，大多以象形、会意、谐音等为艺术手法，妙趣横生。

1. 高氏祠堂

此建筑始建于清乾隆四十四年（1779），占地面积2000平方米，建筑面积400平方米。其形制为四合院，其中殿堂、廊坊共计20多间，过厅还悬有咸丰皇帝赐予进士高鸿儒的匾额。祠堂内悬挂道光皇帝御赐高鸣桂的"才兼文武"匾额。2003年被列为省级文物保护单位。

2. 青城书院

青城书院是兰州六大书院之一，建于清道光十一年（1831）。

图2-9 青城书院

100多年来，书院培养了大批优秀人才，其中翰林1人，进士10人，文举23人，武举50多人，以及许多贡生。

3. 青城城隍庙

原址初为秦州刺史狄青的议事厅，故又称"狄青府"，始建于宋仁宗宝元年间。万历二十五年（1597）改为守备府，是守备军指挥部所在地。雍正二年（1724）改建为城隍庙，占地面积1000平方米。大殿保存基本完好，村民又集资修复了门楼及戏楼，现在这里已成为当地人文化交流、休闲娱乐的场所。

4. 罗家大院

罗家大院为四合院，为典型的明清时期建筑，造型独特别致，气势宏伟庄严。它也是典型的民俗文化博物馆。院子中有当年的水烟作坊、水缸，石桌和满院子自然而生的草相映成趣。二进院子陈设有刺绣、灯笼和一些小物件。院后花园里有一处荷塘。电视剧《老柿子树》就在此院拍摄，此院是剧中四个儿子居住的场所。

（三）民俗非遗

青城水烟：清乾隆至道光年间，青城水烟业发展至鼎盛时期。水烟品种除最早的黄烟，又增加了青烟、棉烟和麻烟。当时大小烟坊有200余家，从业人员上万人，产品行销沿海地区及内蒙古、重庆、四川、山西等地区。其名牌百出，先后有"泰字""昌字""芝字""条字""兴字""慧字""全字"等，较著名的有"承字""宏字""广东红"。水烟成了当时青城经济的支柱，同时带动百业兴旺。以山西和陕西客商为代表的各地商人云集青城，街面店铺林立，马队、驼队、车队络绎不绝；皮筏、木筏、渡船鳞次栉比。人民富裕，文教兴盛，人才辈出，成为远近闻名的水烟之城、商贸之城、文化之城。

城隍出庙：这是青城特有的大型民俗活动，每年都要举办，时间在清明节前一天。城隍爷出巡时，铁炮会响三下，鸣锣开道，长号齐鸣，"回避""肃静"的大牌高举，队伍中刀枪剑戟、斧钺钩叉林立，飞龙旗、飞虎旗迎风飘荡，队伍浩浩荡荡，长度可有数百米。此活动已被列入省级非物质文化遗产保护项目。

《西厢调》小曲：西厢小调是秦腔的分支，但是唱腔较柔美，多数人能接受，现保留下来的西厢小调剧本多以《西厢记》故事为基础，故得名。

登柴山：青城民俗活动的特色项目之一，是用条凳两两交叉相搭，架起13层左右高的"柴山"，表演者在柴山上蹿上翻下、耍猴舞狮。

在饮食方面、八碗碟、酸烂肉、干面是青城地方特色美食。其中，青城干面吃法讲究，有4道颜色不同的时令凉菜，代表四季分明，盐、辣子、醋、酱油的摆放有一定的顺序，按主人坐上席来说，摆放顺序为上盐、下辣子，醋、酱油放两边。青城老醋十分有名，已注册商标。

二、黄土塬坡农业典型村落：正宁县永和镇罗川村

黄土高原在甘肃省境内的黄土山区，土壤表层干硬，内部潮湿，较易挖掘，因而在塬坡上形成了依山而凿、高低错落的生土性的窑洞聚落。在较陡的塬坡上，院落一般沿等高线横向展开。此类聚落多位于水源附近，以发展农业生产为主。它们反映了原始的文化形态，蕴含着浓厚的乡土气息，形成典型的黄土塬坡农业村落景观，罗川村是其中的代表。

（一）村落概况

罗川古城位于庆阳市正宁县永和镇罗川村，其所在的四郎河中游川区为陇东典型的黄土高原沟壑区。古城南北两面被泰山、琴山、北华山、药王山"四大名山"合夹，东西一马平川，风景秀丽。罗川古城东北距县城 30 千米，东南距西安市 180 千米；国道 211 线（银川—西安）穿村而过，是陕甘两省的一个交通要冲。古城于 2006 年 5 月被列入第六批全国重点文物保护单位，2006 年 8 月被评为甘肃省首批历史文化名村之一。

罗川村面积 9.47 平方千米，辖 9 个村民小组，海拔 1015—1134 米，年平均气温 8.3℃，主产为小麦、玉米、糜谷、蔬菜等，特产为唐台晒烟。罗川古城现有国家级重点文物保护单位赵氏石牌坊 3 座，省级文物保护单位承天观碑，清铁旗杆、铁狮、铁鹤，市级文物保护单位文庙大殿、明代赵氏祠堂等名胜古迹，还有筑于明清时期的罗川旧城墙遗存和 10 多间 1000 多平方米的明清民居。近年来，正宁县为突出罗川古文化传承，建设或改造仿古式小康农宅 100 户，

图 2-10　罗川村全景

完成古城街道路硬化 3960 平方米，并配有仿古式路灯 8 盏，建成了唐台晒烟及现代农业观光基地，修复了泰山庙。罗川古镇旅游区已初步形成。

（二）历史遗存

1. 赵氏牌坊

牌坊位于罗川村街道（原古城街道中轴线上），自西向东，一字摆开，依次为清官坊、天官坊、恩宠坊，遥相呼应，气势恢宏，间距分别为11.5米、105米。清官坊、天官坊均高8.4米、宽约8.2米，恩宠坊高9.7米、宽8.35米，均为四柱三间三层，斗拱歇山顶，全以红砂岩凿磨镶砌而成。据史料记载，清官坊、天官坊分别建于明万历四十二年（1614）十二月和明万历四十三年（1615）四月，是朝廷为表彰明代廉吏赵邦清（曾任山东滕县知县、吏部稽勋司郎中）所建；恩宠坊建于明万历四十五年（1617）七月，是赵邦清为感念嫡母刘氏、生母高氏教养之恩建立的。这3座石牌坊立柱前后均有夹杆石，坊面浮雕有人物、花卉、飞禽、走兽、山水、云、树、房舍，还刻有文字，场景宏大，造型优美，结构严谨，刀法细腻，形象逼真，匠心独运，令人叹为观止。1955年3月，赵氏牌坊被中央正宁县委确立为正宁县爱国主义教育基地，同年4月，又被庆阳地委确立为庆阳地区爱国主义教育基地；1963年2月，被甘肃省人民政府公布为省级文物保护单位；2006年5月25日，被国务院公布为第六批全国文物保护单位之一。

2. 文庙大殿

大殿位于正宁县第二中学校内。元代至正年间初建，明洪武二年（1369）知县郭钧重修。明代毁于兵燹，清顺治年间重修，康熙、雍正、乾隆时均做过补修。现存大成殿5间，坐北朝南，歇山顶，屋脊两端有鸱吻饰，斗拱结构双杪双下昂，柱头施卷刹。连同殿前平台，建筑共占地1100平方米，保存完好。原为县级文物保护单位，2003年12月23日，被庆阳市政府公布为市级文物保护单位。文庙大成殿前后有古柏2棵，据考植于东汉时期，高15.5米，围2.9米，奇峻坚瘦，苍翠挺拔。

图 2-11
赵氏牌坊

图 2-12
文庙大殿

3. 赵氏祠堂

祠堂位于赵氏牌坊西南侧,建于明天启年间。祠堂坐南面北,面阔 3 间,明柱砖木结构,斗拱平檐,顶镶脊兽,建筑面积约 30 平方米。内墙壁镶有明万历皇帝为赵邦清题"坚持清白"碑刻及安南国正使冯克宽为赵邦清题、随从陈德懿书"清清清"碑刻。2003 年 12 月 23 日,被庆阳市政府公布为市级文物保护单位。

图 2-13
赵氏祠堂

图 2-14
三清碑碑廊

4. 清铁旗杆

旗杆位于罗川村街道,清道光二十六年(1846)建,系原罗川城城隍庙前所立之物,高约 16 米,占地约 10 平方米。旗杆一对,上细下粗,上部被双龙缠绕,底部插入铁狮背腹;铁狮两尊,咬牙切齿,二目圆睁,背腹均有细腻雕刻,工艺极为精湛。旗杆顶端各有一铁鹤,分别背负"日""月"二字,作凌空展翅之势;铁鹤之下各有一小匾额,呈梯形,一面上书"七国保卫",一面上书"万

图 2-15
清铁旗杆

代屏藩"。其下有两个方斗,方斗四角各竖小旗。方斗下角有小铃,微风吹来,叮叮咚咚,悠扬悦耳。旗杆的中下部悬有一副铁铸对联:"社荐鸡豚留永日,旗翻熊虎待灵风。"

5. 明清民居

明清民居共数十间,占地1000多平方米,基本保存完妤。此外,还有原貌依然的明清时期的里巷两处,即书院巷、北华山巷,皆宽约2米,分别长570米、1382米。明清民居至今保存着当时的瑞兽砖雕、青砖龙头脊兽、木质落地门窗木雕等,反映了传统营造方式和建造技艺。

图 2-16
明清民居

6. 窑洞民居

庆阳窑洞依据形制不同，主要分为三种基本类型：靠崖式窑洞、下沉式窑洞、独立式窑洞。罗川村主要为靠崖式窑洞，是直接依山靠崖向里水平挖掘横洞，即先在坡边垂直向下挖一立壁，一般挖到壁高10米左右的程度时，再按垂直于立壁方向向立壁里水平凿挖。按其所处的地形，窑洞有的靠山，有的沿冲沟，有的沿崖边，随等高线布置，多呈曲线形或折线形排列。根据山坡的大小、山崖的高低、沟谷的深浅等，窑洞分布或一层排开，或层层后退呈台梯状。

（三）民俗非遗

1. 正宁小戏

正宁小戏已引得省内外戏剧行家击节叫好，纷纷撰文推崇。

2003年，在甘肃省文化大省宣传周暨全省小戏小品调演中，正宁一台3部小戏（《舅整外甥》《追铁匠》《亲情》），获得了6项20个大奖，在21个参赛剧团中名列前茅。20多年来，正宁小戏创作以其独特的"多味黄土喜剧"风格，走红陇原，声名远播。1978年的《成亲》《争炕头》，以及后来的《冤家亲》《满月酒》《外甥整舅》等近40部戏，可谓标新立异，令人称奇。

2. 正宁香包

正宁香包具有特殊的价值和表现形式，现已远销海外，在国际上广受赞誉。1989年，正宁香包数件作品被中国美术馆收藏。1990年，香包壁挂《五福庆寿》获甘肃省首届旅游产品优秀奖。1994年，香包作品《小布老虎》被联合国教科文组织收藏。中央美术学院著名教授、民间艺术研究室主任靳之林称赞正宁香包为"活的文物""正宁香包全国第一""正宁香包香天下"，赞誉正宁县为"中国香包之乡"。经过多次参加"中国庆阳香包民俗文化艺术节"，正宁香包这朵绽放于中国民间美术之苑的奇葩愈加娇艳动人。

3. 正宁剪纸

在2002年6月首届中国庆阳香包民俗文化艺术节上，庆阳剪纸受到了国内外专家的一致好评，庆阳市被中国民俗学会命名为"民间剪纸之乡"。庆阳民间剪纸也因此受到社会各界多方关注。《人民日报》《光明日报》《美术研究》等报刊多次发表庆阳民间剪纸作品。法国、日本、澳大利亚等国的艺术家多次考察陇东民间剪纸艺术。庆阳民间剪纸作品已逐步走入了国家艺术殿堂——中国民间美术博物馆，并在日、意、澳等国家展览亮相。

4. 正宁窑洞

庆阳地处典型的陇东黄土高原区，适宜的纵向土层结构使建造的窑洞不易塌陷，这就为窑洞建造提供了得天独厚的条件。庆阳窑洞有着悠久的历史，国内外专家不断到庆阳参观考察，并写出了许多很有价值的学术论文；其独特的建筑形制和居住方式也吸引了不少海内外普通游客前来观看。

5. 正宁编织

由于生产、生活的需要，编织在正宁相当流行，大都是自编自用，仅有少量上市交易。这些编织品都有就地取材、结实耐用的特点，大体可分为荆编、草编、竹编、绳编、线编五个类型。

6. 正宁唢呐

相传，唢呐从明代开始传入正宁，在民间广泛流传。再经唢呐艺人们代代革新，形成了宜于当地使用的唢呐。这种唢呐多为木杆，长约30厘米，管口铜质碗状，口径约15.5厘米；比这更短更小的叫笛呐。

第三节
青藏高原边缘农牧交错区传统村落

一、陇南山地典型村落：文县哈南古村

（一）村落概况

被诸多高山环绕的石鸡坝乡哈南村位于河谷平坦地段，南北方向是冲积扇地貌。此地空气湿度较大，无霜期约260天，年均降水450—800毫米，平均海拔高度1138米。向东距离文县县城35千米，向西距离九寨沟县城约34千米。该村地处偏远，交通不便，人口流动较小。

由于地处河谷冲积扇前端，该村聚落依地形呈集聚河谷川道形态。该村落东西方向有3条街，后街、中街、郭家街；南北方向有9条巷，米家巷、张家巷、刘家巷、杨家巷、李家巷等，每条街分布着4座楼。经过实地考察并对比文献资料，村落轮廓在一定程度上体现出古代军防城池有护城河等围护的特点。村子中有古城墙遗址。

（二）民居建筑

江南寨子的连绵秀丽、北方村落的敦实厚重，在哈南村被揉合在一起。民居多为土木结构两层楼式建筑，集中在街道与巷子

图 2-17　哈南村全貌
（图片来源：陈钢 摄）

的两边，以排列形式分布，侧面看层层叠叠。民居外观形式灵活，屋檐高低起伏，面向街道的一面有雕刻、彩绘等装饰。

就建筑形制而言，多为"三合头"，屋檐两侧对称。由于降水量不是很多，民居屋顶较为平缓。屋檐均铺青瓦，以防雨为主。屋脊两端雕刻传说中的神兽，以求祥瑞。房屋墙角铺青砖。年代稍久远的民居为木质结构，近时的则为刷漆土木、混砖等。梁柱、门窗雕刻着花、祥云、铜钱、动物等，大部分保存较好。

村落中的建筑多为 1949 年以后修建，也有几处为清中期和民国时期修建。修建较早、有确定年代的是位于西京观南侧的郭家宅，建于清嘉庆年间。该村现有3处县级文物保护单位。

1. 西京观

此观始建于元代，后毁，明代按原貌重建，"文革"期间有一定损毁，占地面积950平方米，位于哈南村西北角上城门，2013年被评为县级文物保护单位。其梁架结构独特，整体为四合院结构，以红色、蓝色为主色调的壁画精美细致，具有一定的历史、艺术研究价值。

图 2-18
西京观
（图片来源：罗愚频 摄）

图 2-19
西京观壁画
（图片来源：罗愚频 摄）

2. 南佛寺

该寺始建于明正德年间，现占地面积1100平方米，位于哈南村东南。外墙壁用白灰粉刷，大门与屋檐呈朱红色，可知过度的修建在一定程度上破坏了原有的特色；好在寺内保留着部分佛像，整体结构依然是四合院形式。

3. 古城楼

城楼始建于明代，于清宣统二年（1910）二月重建。楼阁造型

图 2-20 南佛寺
（图片来源：罗愚频 摄）

图 2-21
古城楼

古朴大方，古色古香。原共有楼阁12座，现存6座，均有不同程度的破损。

4. 古城墙遗址

根据踏勘，原护村古城墙高3米多，厚2米多，东西长400多米，南北宽200多米，设东西南3座城门。北面临江无城墙，临江土坎高30多米。现仅残存两处：一处位于哈南村东北，占地约7平方米；另一处位于西京观北50米处，占地约10平方米。初建时间不详，近年对其进行了重建。据当地人口述，古城墙主要用途在于军事防御。

5. 外城碉堡

明代中期，村民在村城外峰顶建造了营边上碉堡、二嘴子碉堡、官木地碉堡、险崖坝梁碉堡、土桥子碉堡等，是关卡内最后一道防线。

图2-22 古城墙遗址

6. 五尊土炮

此五尊土炮名号五将军，炮身铭文"哈南寨关帝护堡炮"。五尊土炮原安放于堡外炮台，为守寨主要武器。

7. 碑刻

碑刻现存两处：村民宛佑任家院内 1 通，为《重修关帝阁序》，刻于清乾隆六十年（1795），碑高 1.1 米、宽 0.58 米、厚 0.04 米；西京观 1 通，字迹已被磨光。

（三）民风文化

村落整体坐南朝北，依山傍水。民居布局轴线明确，平面灵活，单体建筑多为大出檐，屋顶平缓，屋脊饰以瑞兽。远观层层叠叠，青瓦白墙，尽显沧桑；近看梁柱、门窗精雕细刻，虽经百年而清晰如旧，栩栩如生。

哈南古村的手工作坊年代久远。村内有油坊 1 处，建筑面积约 40 平方米，保存完好，油坊内设施齐全。有 4 处烧酒作坊，年产烧酒 5 吨左右。水磨坊 2 处，主体保存完好。

村内散存着大量石磨、马鞍子、柱顶石、桌凳等农耕文明生产生活用具。村后有一条著名的长 4000 米、建于 1956 年、用于浇灌庄稼的和平渠。

（四）民俗非遗

1. 夜春观

相传清咸丰年间伍子营屯兵哈南寨时，每年春节村民舞龙灯、耍狮子、划旱船、挑担担灯犒劳将士。为答谢村民盛情，伍子营率将士披挂战袍，敲着战鼓，脸涂油彩，手持兵器，骑着战马，上街巡游。后来，伍子营率兵转战他乡，但"夜春观"的壮观欢腾场面却深深地留在哈南寨村民心中。次年春节，哈南寨村民模仿伍子营的将士，身披五颜六色的被单，脸涂油彩，骑着骡马，沿街巡游，久而久之便形成哈南独特的春节社火活动。因村民是春天傍晚和夜间观看将士骑马巡游，所以就称其为"夜春观"。因表演者乘骑骡马，故又称其为"马社火"。

夜春观的表演形式古朴独特，具有鲜明的地方特色，是当地民间传统社火园地中的一朵奇葩。表演时人人穿戏装，骑骡马，穿街走巷，锣鼓齐鸣，蔚为壮观。具体表演的方式是，几个人或十几个人为一组，表演一个主题。表演的内容大多是人们耳熟能详的神话传说、民间故事、历史故事；近几年哈南人创造性地将电影、电视连续剧内容也融进了夜春观。夜春观表演时间为正月初三至十五，每天下午4点多开始表演。哈南村共有6个合作社，从正月初三开始，每社一天，轮流表演。一轮轮完，又从头开始，如此周而复始。正月十五，为夜春观表演的最后一天，全村6个社的表演者会聚一起，共同表演，争奇斗艳，形成一个百余人的庞大社火队伍。

夜春观世代传承，成为哈南群众闹新春必不可少的节目。其传承人有王玉贵、汪连生、赵寒生、赵有生、刘银祥、高如意、刘凤平、郭国顺等。

2. 担担灯

担担灯相传是清朝咸丰年间,伍子营在哈南寨设防屯兵,军中将士与哈南寨村民新春联欢时表演的节目。从它的唱词内容、口音和表演形式来判断,应是当时陇东籍将士把家乡的社火在哈南寨进行了改造。

担担灯最大的特点是将民间音乐、舞蹈同戏曲融合在一起,唱腔丰富,幽默风趣,唱词脍炙人口,乡土气息浓厚。表演担担灯时,要执花灯,以烘托喜庆祥和气氛。花灯是用竹篾制成,上糊书画作品或者剪纸图案,有牌灯、鼓灯、鱼灯、宫灯、船灯等。

担担灯演出的时间,一般是从正月初四开始到正月十五结束,通常在晚间进行。表演者先在本村公共场所耍官灯演唱,而后由灯会组织下帖到各家,依照拟定的次序到村民家中演唱,之后再出寨到方圆近百里的村寨去演唱。其传承人有王玉贵、汪连生、赵寒生、赵有生、刘金魁、刘凤平、左胜、米懵雄等。

3. 琵琶弹唱

哈南琵琶弹唱,至少已有千年历史。演唱形式多样,有自弹自唱,也有你弹他唱,更多的则是群体弹唱。群体弹唱时,弹唱者分为两排,前排琵琶演奏配三弦、二胡、响铃等乐器,奏出和谐优美的曲调,后排用竹筷击打瓷碟控制节奏,唱词则由表演者一起演唱。

哈南琵琶弹唱内容丰富,数量甚多。经典的如《十二花》《放风筝》《十劝郎》《十杯酒》《孟姜女哭长城》等。也有旧曲填上新词,歌唱党的富民政策、计划生育、农村新貌等。哈南琵琶弹唱曾在县城多次表演。

哈南琵琶弹唱的歌手，称为"唱把子"。著名的唱把子有王玉贵、杨满秀、郭凤娥、赵二女、李贵平、王东平等。

二、土司文化典型村落：永登县连城镇连城村

（一）村落概况

土司是封建王朝在少数民族地区设立的一种由地方首领任职的特殊管理制度。甘肃省永登县连城镇是一个典型的土司文化传统乡镇。从兰州出发，沿京藏高速或连霍高速，都可到达连城镇，行驶的最短距离约 148.3 千米。

该镇依黄河二级支流大通河而建，处于青藏高原东缘与黄土高原西缘结合的复杂过渡地带，平均海拔高达 2652 米；气候属典型的温带半干旱大陆性气候。此地中间为平坦的河谷，两边为高山，随着人们生产生活的发展，连城村逐渐发展为一个集村式聚落。该村布局相对规整，村界内部以网格状均匀划分。

该镇主要种植苗木、高原夏菜、玉米、小麦、马铃薯。当地居民藏族占比小，大部分为汉族。藏族居民的生活方式也基本汉化，他们集聚在该地进行生产，食物也以面食为主。也正是基于这种集中生活的方式，土司文化才得以保留下来。

（二）民居建筑

连城村保留的古建筑大多具有 200 年以上的历史，其形制为土

图 2-23
连城村典型古建筑

木结构的四合院式，东、南、西、北四间厢房的入口两两相对，房屋两边均有飞檐造型，八字墙上镶有精美砖雕。有的建筑的重门呈拱形构造。建筑风格多具有明清时期特点，最具代表性的有清嘉庆年间的赵氏故居（赵氏为鲁土司的管家）、明中期的杜氏民居。

1. 鲁土司衙门

在连城村代表权力的古建筑是鲁土司衙门，是我国现存较完整的明清土司庄园，是第四批全国重点文物保护单位之一。鲁土司衙门始建于明洪武三年（1370），明永乐年间，三世土司失伽因征战有功，明成祖赐姓为"鲁"。衙门原占地 5 万余平方米，建筑面积 1 万余平方米，由衙门、寝院、花园、妙因寺、显教寺、雷坛等 6 部分组成。该建筑群仿北京王公府邸，36 院、72 道门，融汉文化、藏文化于一体，形成连城村特有的鲁土司文化。

2. 显教寺

初建于明永乐九年（1411），经成化年间扩建后，格局基本定

图 2-24
鲁土司衙门大门

型。现仅存建于成化年间的大殿一座。著名考古学家宿白先生经实地考察后认为它是甘肃河西地区藏传佛教早期寺院中的典型遗存。2006 年被公布为全国重点文物保护单位，并入鲁土司衙门旧址。

3. 雷坛

雷坛于明嘉靖三十四年（1555），由六世土司鲁经及其子鲁东建成。位于鲁土司衙门建筑群西北侧，距衙门建筑群后墙约 80 米。现存的过殿、雷坛殿两侧飞檐，内部结构精巧细致。雷坛原建筑群与院内的花园组成的形状似"雷"字。2006 年被列为全国重点文物保护单位，并入鲁土司衙门旧址。

4. 妙因寺

此寺始建于明初永乐年间，初名大通寺，后更名为妙因寺。位于鲁土司衙门西侧。寺院占地约 3500 平方米，建筑面积约 2200 平方米。主要建筑有万岁殿、德尔经堂、大经殿、禅僧殿、护法殿、嘛呢殿、塔尔殿、金刚殿、鹰王殿等。该寺是鲁土司的家寺，是第三世土司鲁贤为祈禳而建造。寺屋脊处雕花相对于当地其他古建筑更为精美，有精致的佛像立于屋檐上，象征经文的彩色绸缎方旗悬挂在部分门梁或者古树枝上，整体庄重且宁静。

5. 尕达寺

尕达寺历史悠久，是甘青边境的名寺之一，共有8座庙宇，位于连城村石屏山8座山峰处。据清代该寺的藏文寺志记载，唐朝时，印度高僧班智达及500僧众，赴中原五台山时，在此地停留，并建立了佛教寺院。

图 2-25
尕达寺

（三）民风文化

连城的土司制度建立于明朝永乐年间，至民国二十一年（1932）被废除，历经500多年。连城由于长期处于鲁土司统治区中心，故而深受鲁土司文化的影响，嫁娶、祝寿等民俗民情均与周围其他地区有一些不同；当地更是流传着一些与土司文化相关的传说，如麻太太请雨。

据传，1916年，连城地区大旱，两个月未见一滴雨，麻太太作为第十八代土司夫人，在雷坛为民请雨，请完雨后刚一回到衙门就天降大雨。故事虽然有迷信的成分，但体现了麻太太在当时连城人民心中的地位。

除此之外，连城还有一些别的传说，例如连城九天圣母和二菩萨传说、连城靳老爷任城隍的传说、西寺沟龙王宫的传说等，只是时至今日，随着社会的发展和土司制度的消失，连城的年轻一代已经对这些了解甚少了。

（四）民俗非遗

1. 连城四月八浴佛节

据了解，每年四月初八，来石屏山尕达寺朝拜的人云集，主要来自甘肃红古、天祝、永登及青海民和、乐都、互助、门源等地。随着社会发展，现在浴佛节已经不只是传统意义上的佛诞节，更是贸易节、旅游节、文化节，甚至是情人节。每年浴佛节来临之际，一些小商贩就会在石屏山脚下用石头提前占据摊位，而浴佛节那天更是人山人海，连城周边地区的人也会来这里赶集、旅游等，是连城一大盛事。

2006年，连城四月八浴佛节被兰州市人民政府公布为市级非物质文化遗产保护项目。尕达寺还被列为国家级传统节日示范地。

2. 鲁土司传奇故事

连城鲁土司家族在历史上是西北的望族，历经元、明、清、民国，世袭共19世21名土司。历代土司官位高，战功卓著，明史、清史为多位土司列传。鲁土司在西北留下了众多的传奇故事，现在在永登有完整的鲁土司衙门及妙因寺、海德寺、显教寺、雷坛等国家级文物保护单位。2015年被公布为市级非物质文化遗产项目。

3. 连城孙氏铸造技艺

连城有丰富的铁矿和森林资源，铸造冶炼业发达。连城孙氏祖辈以铸造为业，明初迁到连城当鲁土司手下工匠。据其传人孙能武说，其先祖曾在金城兰州参加黄河浮桥的"将军柱"的铸造，其祖为连城玄真观铸大钟并因此闻名。孙氏铸造技艺精湛，主要铸钟兼铸水磨配件、农业工具、生活用具、车马器，还为连城鲁土司铸造兵器。孙氏家庭有铸造作坊，在连城颇有名气。

第四节
少数民族文化副区传统村落

一、肃南裕固族典型村落：肃南县康乐镇大草滩村

裕固族是主要分布于甘肃的少数民族，约14378人（2010年全国第六次人口普查），为回纥人的后裔。有东部裕固语、西部裕固语，但无文字，通用语为汉语；信藏传佛教，未婚女子有戴头面的习俗，主要从事畜牧业，兼营农业。随着社会经济的快速发展和各类文化的深入交融，以及现代文明的冲击，国家级非物质文化遗产的裕固族民歌、服饰、传统礼仪等在逐渐流失，出现传承断层，遭遇现代化生存困境。所以，对裕固族传统文化的保护和传承显得尤为重要。

（一）村落概况

大草滩村地处康乐镇政府驻地东南方向，东临红石窝村，南至杨哥村，西毗巴音村，北接西牛毛村。村委会驻地康隆寺，距镇政府驻地30千米。村内总地势西南高、东北低，层峦叠嶂，沟壑纵横，平均海拔3000米左右，水草丰茂，物种丰富。祁连山北麓的皑皑冰雪，孕育了流过村境的康隆寺河和小长干河，滋养着大草滩20多万亩牧场。

图 2-26
大草滩村全景图

（二）建筑

1. 康隆寺

康隆寺又名旦贡高巴，即马头寺院，位于肃南县康乐乡大草滩村塔尔沟（大冰峡）内。此寺建于清康熙年间，迄今有300多年的历史，是裕固族最大的藏传佛教格鲁派寺院；最早属青海塔尔寺管辖，后来又归青海果茫寺（广惠寺）管辖。

康隆寺管辖着裕固族地区的景耀寺、转轮寺、红湾寺、莲花寺、明海寺、长沟寺等6个寺院。寺院每逢农历正月十四、六月初四、十月二十五举行盛大的佛事活动，每月十五放小会一次。

2. 帐篷

裕固族是一个古老的游牧民族，其居住形式受游牧生活方式的

图 2-27
康隆寺

图 2-28
大草滩村村民帐篷

限制，常年居住在帐篷里，过着逐水草而居的生活。现大草滩村的裕固族人除冬天居住在定居点外，仍随季节的变化，转移牲畜，住在帐篷里。

大草滩村的帐篷不同于蒙古包，一般以3根杆子支撑，分别是1根横梁、2根柱子，外用牦牛毛织成的褐子缝制搭盖。牧民在扎帐篷时，一般先按照避风向阳的原则，再依据山形和水路确定坐向。

多数坐北向南，也有坐东向西或坐西向东的。帐篷门绝不朝北开，因为他们认为朝北开不吉利，可对着山、河、沟开。坐向和地点选好后，先用 1 根横梁和 2 根柱子把褐子撑起来，再用牛毛围绳把帐篷的褐子四周从里到外穿起来拉成四方形，外面用 8 根杆子做支撑。然后再加上间隔辅助绳，这种辅助绳长约 1 米，分别固定在周围的木橛子上，把帐篷拉成八角形。之后，顺木橛子在外沿挖一圈宽约 5 厘米、深约 10 厘米的排水沟以防雨水流入帐篷，在距帐篷五六米远的地方用石块垒一个高约 60 厘米的"煨桑台"，作为煨香、磕头、敬神的地方。

3. 现代定居点

自从 1958 年国家提倡定居以来，大草滩的牧民逐渐修筑了土木结构、砖木结构的房屋。一般在房屋外围修有约 2 米高的围墙，院外不远处有水井，院内栽种有美化作用的花木。大多数牧民把人的住所与灶房、畜厩、厕所等分隔开来，有效改善了卫生状况。上房（堂屋）宽大、明亮，是敬神或待客的地方，有些人家置放有软沙发、茶几，墙上悬挂着字画等装饰物。几乎家家户户都在上房正前方设佛龛，里面供奉的物品与前述帐篷内的佛龛陈设无异，也有酥油灯、净水小碗。尤值一提的是，居民点的修建解决了老人安度晚年和孩子上学的问题，消除了牧民的后顾之忧。

（三）民风文化

1. 饮食习俗

大草滩牧民一般是一饭三茶。东方刚露鱼肚白，家家帐篷顶上就升起袅袅炊烟，主妇为全家人烧早茶，然后去放牧；10—12 点之间再喝一次中午茶，可以光喝酥油炒面茶，也可以用馍馍蘸着奶茶吃；下午茶一般在下午 4 点左右；晚饭通常在晚上 6—7 点之间，以面片、面条为主，也有吃米饭的。

其传统主食为面食，面粉有小麦面、玉米面、青稞面等，可加工制作为面片、煎饼、烧壳子、烤饼、馍馍、烧巴股、炒面、糌粑等。副食有植物性副食和动物性副食（牦牛肉、绵羊肉）以及一些奶制品，主要有甜奶、酸奶（或稠奶子）、曲拉、奶皮子和酥油等。传统民族风味食品有酥油、脂裹干、肉肠、血肠、酥油米饭、酸奶米饭、酥油煎饼、烧巴股、烧壳子等。下文简单介绍两种民族风味美食：全羊和糌粑。

全羊（裕固语称"浩尼马汉"）：敬献全羊表达的是大草滩裕固族人最高的敬意及最虔诚的祝福。程序如下：先在羊群中挑选一只肥壮的羯羊，一定要宰杀得清爽利落。剥去羊皮，扒掉内脏，取下羊头。在羊肉未僵硬之前，将四只羊腿收拢呈跪卧式，置于一长方形的红漆木盘中，再把剥干净的羊头放在整羊上，这就是全羊。过去，一般是每年农历正月初一由各部落头目给大头目敬献全羊，同时还要敬献哈达、茶、酒，作为本部落的拜年礼物。大头目走访牧民或活佛光临某家时，常被牧民视为最高的荣耀，也要敬献全羊。另外，裕固族的婚俗中也有献全羊的礼仪。定亲时由男方向女方献全羊，结婚时由女方向男方献全羊。全羊既是父母给女儿的结婚礼物，也是对新婚夫妇最美好的祝福。

糌粑（裕固语称"塔勒安"）：是大草滩人独特的风味食品。其做法、吃法都比较独特：先熬一锅奶茶，然后调上足够的酥油、炒面、曲拉、白糖，待酥油熔化就用洗净的手慢慢搅拌，酥油和炒面拌匀时，用手捏成团，和着茶一块吃，这就是糌粑。吃后非常耐饿，碰到牧民要赶远路或干重活，一天不吃不喝，也不会饥渴，是一种适应游牧生活的传统饮食。

2. 生产习俗

在大草滩裕固族传统的畜牧生产过程中，有一些极富情趣的生产习俗。如剪马鬃的习俗：如同娃娃3岁要举行剃头仪式一样，马驹长到2岁时，主人要为它举行第一次剪马鬃的仪式，给马驹美好的祝福，体现了这个曾经叱咤草原的"马背上的民族"对马的深厚感情。

剪鬃的吉日一般选在农历四月份。届时，春暖花开，请来亲朋邻居，准备剪马鬃事宜。先把用酥油炒面团捏成的5—7层高的小塔放进盘中，自塔尖向下浇上炼化的酥油，盘子的四面再放4块酥油，盘中盛放一个装有鲜奶子和酥油的龙碗、一把系着白色哈达的锋利剪刀。一切准备就绪之后，主人给马驹披红挂彩，由两人把马驹牵到帐篷前，主人请一位能剪会唱的客人剪第一剪。客人谦让一番，接过剪刀，一边唱着剪鬃歌，一边把酥油和奶子抹在马鬃上，剪下一绺放进备好的龙碗中，主人端进帐篷恭敬地献在佛龛前。

3. 节日习俗

裕固族的传统岁时节日，一部分旨在敬天祈神、消灾避难，如以前每年的农历正月、四月、六月、十月的寺院大会以及至今仍遗存民间的祭"鄂博"（祭山神）等活动；一部分和其特定的游牧生产方式有关，形成于长期的生产实践，同时起到调节人们生活节奏的作用，如赛马会。随着社会的发展，在与其他民族进一步的交往中，裕固族也随同汉族过春节、端午节、中秋节等。

　　水草丰美的夏季，剪完羊毛，生产稍显轻松的时候，每个部落都会根据各自的情况举行赛马盛会，称之为"赛马节"。当地赛马分走马和奔马两类。走马赛比的是马的走势，以走得稳、快为优；奔马赛比的是马的速度，以跑得快取胜。赛马一般走（跑）一个来回，随后决出名次。参赛马匹少时数十匹，多则上百匹，场面十分壮观。过去，赛马节上还能见到裕固族箭手比赛射箭，现在射箭已随狩猎活动的终结慢慢退出。

　　除赛马外，赛马节上还有摔跤、拨棍、顶杠子、拉爬牛、套牛等运动。待所有比赛项目都决出胜负，排出一、二、三名后，主持人就会给获胜者颁发奖品——通常为哈达、砖茶、马鞍、毛毯之类，也有发现金的。此外，还要给在赛马中夺得第一、二、三名的骑手和马披红挂彩。当地也把这种活动叫作民族运动会。

（四）民俗非遗

　　裕固族是甘肃特有的3个少数民族之一，有14000多人。目前裕固族拥有裕固族民歌、裕固族服饰和裕固族婚俗3项国家级非物质文化遗产。

1. 裕固族民歌

　　大草滩一带传统的裕固族民歌，在裕固语中叫"蒙古勒道"（蒙古民歌），也叫"尧熬尔道"，全部使用东部裕固语。其语言、内容与形式和蒙古古代民歌有共同之处，也有许多独特的东西。如今这些古代歌曲面临消失的危险，因为能听懂这些歌谣的人极为有限，所以传承的人也就寥寥无几了。

民歌类别多种多样，有抒情歌、叙事歌、婚礼歌、劳动歌、催眠歌、学步歌以及十二属相歌等。其中大草滩一带的劳动歌分为奶幼畜歌和擀毡歌。奶幼畜歌是唱给母畜听的歌，有时，母畜不认幼畜，不让幼畜吃奶，牧民就让幼畜偎在母畜乳下，一边抚摸母畜，一边唱歌，让母畜慢慢认回幼畜。擀毡歌是排毡时唱的号子，起到协调动作、调节情绪的作用。

2. 裕固族服饰

大草滩裕固族人的服饰在不同的人生阶段会有一定差异，尤其是女子的服饰，差异比较明显。

姑娘长到十三四岁，穿高领或小领斜襟裙式长袍，多为绿色、紫色、桃红色，下摆两侧开衩，衣领、襟边、袖边及下摆用各色丝线精心绣成彩色图案；系桃红、深红、黄色腰带；脚穿皮制靴子或软腰绣花布靴；头戴平顶红缨帽（西部地区裕固族是尖顶红缨帽）。

大草滩村裕固族老年妇女的装束与成年妇女基本相同，只是长袍的颜色较素净，以白色、蓝色、青色为主，腰带色彩也不艳丽，以紫色、蓝色居多，镶饰也没有年轻妇女那样繁复、精致，领口、襟边、下摆、袖边多用暗色或素色的丝线镶绣，单纯、质朴。

可以说，保存下来并最能体现裕固族服饰特色的是裕固族妇女的头面。这是价值昂贵、工艺精湛的手工艺品，同时也是财富和吉祥的象征，代代相传。

大草滩村妇女的头面由3条组成，胸前左右各1条，背后1条。底衬多用质地厚实的红色牛皮、红布、黑布制作。前面两条长约1米，宽约10厘米。每条分为3段。上段顶端缝有一枚圆形铜环或玉

图 2-29
裕固族传统服饰

环，用来连接、固定发辫与头面。从铜环或玉环中间穿一条长约66厘米的绿色布条，布条上串上比戒指略粗的银环、铜环、玉环或玛瑙环，逐年积攒直至几十个。连接绿色布条的是一块半圆形的空心银牌，银牌上面镶嵌着红色珊瑚珠、玛瑙、孔雀石等物。带梢处有一个直径约为8厘米的圆陀螺银牌或铜牌，上面镶满了珍珠、珊瑚等，然后垂上红绿丝线穗子。胸前两条的图案、色彩对称协调。

背后的一条长约1米，宽约15厘米，比前面两条略宽。一般用黑布、青布做底，带子两边用各色丝线缝缀彩色花边，中间由上到下、从大到小镶上23块白色海螺磨制的圆片，形似纽扣，裕固语称之为"董"。也有经济条件好的人家在青布底上缝缀红色珊瑚珠做底，把白色的"董"片嵌在其间。

3. 裕固族婚俗

裕固族婚礼仪式很有讲究，保留了比较多的传统习俗，包括送亲仪式、打尖仪式、踏帐习俗、让客仪式、"交新娘"仪式和吃喜宴等。

打尖仪式：娘家送亲那一天，男方要在中途迎接。当送亲队伍来到隔男方家一定距离的位置时，新郎家派几个能说会道并娴于骑术的人，选一块水草好的地方，铺上地毯，摆上一块羊肉以及哈达和酒迎候，本地用汉语称之为"打尖"。送亲队伍到来时，他们迎上去高声问候，并拉住领队人的马缰，请他们下马稍事休息。等他们下马坐下来之后，打开新酒，先向天地鬼神及山神敬酒，尔后为送亲队的领路人（一般为女方家舅舅和亲属）献哈达、敬酒敬食，简要地介绍酒席准备的情况和男方家对这门亲事的重视。

踏帐习俗：送亲队伍来到离新娘帐篷几百米的地方，由女方谙熟送亲事宜的领队人，指定善骑者二至六人（必须为双数），纵马奔到男方为新娘专设的小帐篷外，右绕帐篷转3圈，并尽力使马接近帐篷，设法使其倒塌，以此"奚落"新郎家。对此，男方早有准备，派几名妇女在帐篷四壁大声喊叫，使来者的马受惊而不能靠近帐篷。此为旧俗。20世纪90年代以后恢复的民族婚俗中，有"踏帐"这一程序，但已演变为娘家人骑马绕3圈时主人出来迎接。

让客仪式：娘家送亲队伍来到新郎家时，由男方家与新郎同辈的一个青年跪在地上，双手捧盘向客人敬上迎亲酒。这时新郎家小伙子们奋力抓住新娘家所有来客的马缰，不论年龄大小，都要扶来宾们下马，特别是对新娘的父亲、舅舅十分客气，即使挨他们打也得忍受着并将他们接入男方家客房。此时，新娘不入大帐篷，须在小帐篷内背朝门向里跪坐，伴娘和新娘的姐妹等陪同她吃喝。送亲的人到男方家，男方的亲属边敬酒，边用酥油奶茶、手抓羊肉招待客人，而送亲领头人到男方的厨房去查看宴席的准备情况。然后，由歌手代表娘家讲一段"肉积如山，酒流似海"之类的赞美词，夸耀酒席的丰盛。这时，主持婚礼的人颂唱裕固族婚礼仪式来历的《沙特》，宣布婚礼仪式开始。

4. 鄂博崇拜

所谓"鄂博"，是裕固族人民对山神的称呼。裕固族人民认为只要有山就会有山神，而这些大大小小的山神不仅可以兴云布雨，而且可以保佑人畜平安。在东部地区裕固族人民的观念中，鄂博不仅仅是山岳的形体形式，而且石块，尤其是五色石块也是鄂博的存身之所。人们常常在山顶或是山坡处用石头垒成馒头形的"小山"或是方斗形的城堡，周围插上木棍或木条，再用羊毛绳把它们串起来，这就是最典型的鄂博形式。如果人们在行走的过程中遇到鄂博，必须恭敬地向它行礼。有时还会把一些石头堆在上面，以示敬意，以此来求得鄂博的护佑。

在大草滩村牧民们的观念中，鄂博除了能以这种小型的石块形式存在外，离大草滩村还很远的东牛毛山有最具体化的鄂博。每年农历四月十一日，大草滩村牧民们都会到东牛毛山去参加祭祀鄂博的活动。

二、东乡族典型村落：临夏回族自治州坪庄乡韩则岭村

东乡族自治县深居甘肃省内部，地势中间高，四周低，被洮河、黄河、大夏河、广通河环绕。东乡族是以地理方位命名的一个民族：清康熙年间，以州城河州（今临夏市）为中心，分出东南西

北四乡，州城以东地域便呼为"东乡"。

东乡族自治县自然地理条件恶劣，山大沟深，交通闭塞，整体而言，人们居住得较为分散。东乡族是甘肃省特有的3个少数民族之一，东乡族人主要从事农业生产，畜牧业也占有重要的地位。东乡族信仰伊斯兰教，生产生活与清真寺有着紧密联系。

（一）村落概况

韩则岭村位于著名的哈木则岭上，属东乡族自治县南部坪庄乡中部，乡政府所在地。此地山高坡陡，气候高寒干旱，为东乡族聚居地。东乡族自治县地貌，基本以锁南镇为中心，6条山梁夹着6条大沟，如伞状向四周辐射开来。向南的辐射"枝条"，就是哈木则岭。山岭上又分出许多小山梁，呈现出梁峁起伏、沟壑纵横交错、切割破碎的黄土高原丘陵沟壑地貌。除哈木则岭较为完整外，其余岭山坡陡峭，切割较深，悬崖绝壁处处皆是。

（二）建筑

坪庄乡韩则岭村标志性建筑是韩则岭拱北，另有万寿亭门坊等建筑群。东乡族人民大部分世代居住在分散、偏远的大山深沟之中，在与恶劣的自然环境抗争的过程中，形成了独特的建筑风格。东乡族的建筑中，广泛应用木雕和砖雕的工艺，为建筑物增添了华贵的艺术感。韩则岭村建筑主要有民居、清真寺、拱北三种。

1. 民居建筑

东乡族传统民居为具有民族特色的土木结构平房，大部分修建于清朝末期咸丰、同治年间，风格简单、朴实，实用。传统庄院以平房为主，主要建筑材料为土，除门窗、柱梁外，其余均以泥土砌平，屋顶铺一层白土，用碌压实。瓦房有"阳撒瓦"和"阴阳瓦"两种。"阳撒瓦"是指将瓦片仰天覆盖屋顶，"阴阳瓦"是指在"阳撒瓦"缝隙处再铺一层筒瓦。从结构上讲，有"单流水瓦房"和"两流水瓦房"。民居建筑最有特色的是大门。旧时是在围墙上挖出可过人的洞，用两块木板镶在中间即为大门。现在除大门外，还将大门通往院落处设计成拱形通门洞，经济条件允许的情况下，都要用青砖或砖雕做装饰。门上是小飞檐，有的木门上还有雕纹。

东乡族人民每家每户的庄窠干净整洁，屋外有围墙。院子大多数是两面有房，也有的是一面有房。在院内喜种果树、牡丹、百合等花木。庄院形似三合院或者四合院，厨房大多修建在上房与厢房

图 2-30
东乡族传统木质民居

图 2-31
东乡族现代民居

形成的夹角处，不仅合理利用空间，而且方便同时照顾上房和厢房的客人。上房通往厨房和后院处建有拱形门洞，便捷美观。

2. 清真寺

清真寺是东乡族穆斯林信仰的宗教活动场所。清真寺的一般布局是"三堂合一"，即礼拜堂、水堂和经堂三堂合一，礼拜堂在中，水堂和经堂分居两边。在清真寺大门建一个高耸的宣礼塔。大殿的建筑风格有三种：第一种为阿拉伯式圆拱建筑，第二种是中国宫殿式建筑，第三种是中阿合璧式的建筑。在这三种类型建筑中，中国宫殿式建筑占绝大多数。哈木则清真寺属于中国宫殿式建筑风格，始建于元末明初。该寺位于村子街道路旁，是附近村民进行宗教活动的主要场所，也是此地社会生活的中心。大殿的座基较高，拾级而上，寺内除了一些大型横幅和地毯外，大殿内没有其他装饰。大堂的外在和内在布局给人一种直冲云霄的挺拔感。

（三）民风文化

东乡族习俗传承严谨，拥有丰富、独特的民俗文化、民族服饰、民族艺术、饮食习俗等民族文化资源。

服饰方面，最近几十年来，变化较大，并开始与汉族和回族的服饰接近，其特点主要表现在头饰上。东乡族男子一般戴白色或黑色的无檐小帽，称"号帽"；妇女一般戴丝绸制成的盖头，一般要将头发全部盖住。现在一些参加工作的年轻妇女，为了劳动和工作方便已不再戴盖头，而喜戴白色小帽。东乡族男子习惯留胡须，多穿宽大的长袍，束宽腰带，腰带上挂小刀、荷包、鼻烟壶和眼镜盒等物，头戴或白或黑平顶软帽；老年人喜穿长袍和"仲白"，一般用灰色或黑色布缝制对襟长袍；妇女穿大襟上衣外套齐膝坎肩。最别致的是女性的帽子或盖头：小女孩戴绿色或蓝色的圆形帽，帽檐有红色或绿色褶皱花边并坠有彩色线编穗子和各色珠子；未婚少女的盖头用细薄柔软的绿绸纱做成，结婚后改用黑色的；而老年妇女则戴白色盖头。

饮食方面，以小麦、青稞、玉米和豆类、洋芋（马铃薯）为主食。通常的面食种类有馒头、面条、油香等。最负盛名的"拉拾哈"（"拉面"或"刀削面"）、炸油香、"尕鸡娃"和手抓羊肉等饮食为招待客人的重要食品。东乡人忌食猪肉、狗肉、马肉、骡肉、驴肉和自死动物及动物的血。东乡族每日三餐不离洋芋。洋芋在东乡的种植历史十分悠久，因而有很多以洋芋为食材的美食，如东乡土豆片、洋芋饼、油炸黄金条等。东乡人还发明了洋芋的另一种吃法——地锅锅，别具风味。

东乡族最有名的食品属手抓羊肉，吃羊肉演变为一种习俗，即吃平伙：将羊身上各个部位的肉平均分给每个人，大家享用同样的食物，体现人人平等互助、团结和睦的集体精神。东乡人豪爽豁达的性格，在吃平伙的风俗中得以体现。

东乡族具有注重礼节和热情好客的传统，去那里做客，长辈要出门迎接。如果是穆斯林客人，还要互致"色俩目"问候，然后按辈分和年龄依次让进大门。客人上炕时须脱鞋，主客居中，以示首位，其余则按辈分和年龄分坐两侧。主人首先献上盖碗茶，主人接待贵客，一般不和客人一起上炕饮茶用饭，而要站在地上烧水、倒水、端盘招待客人。主人自己不坐也不吃，以表示对客人的尊敬。

（四）民俗非遗

东乡族自治县在特定的自然地理环境下，形成了独具特色的民族非物质文化遗产——叙事长诗、故事和传说，也有与日常生活紧密联系的歌谣及说唱艺术，表现出浓郁的民族特色。民间叙事长诗《米拉尕黑》《战黑那姆》《和哲阿姑》等用东乡语传唱，在东乡族中影响很大。

宴席曲由民间传统仪式曲发展而成，有散曲、说唱曲、叙事曲三种。散曲，一般是恭贺、赞美之类的内容；曲调很多，大多一词一曲，固定不变。说唱曲，兼说兼唱，由起头、正文、结尾三部分组成。叙事曲，一般吟唱爱情悲剧故事和生活故事，多为二句式和四句式，可换调演唱。

"花儿"是东乡族人民最喜爱的一朵艺术奇葩，几乎人人会唱，人人会编。东乡语中把"花儿"称为"端","端拉斗"就是'漫花儿"。它语言精练,情景交融,富有生活气息。一两百年来,"花儿"表达着人们的喜怒哀乐,在东乡族人民的文化生活中占有很重要的位置。

此外,东乡族人民还演唱小调和酒曲。小调是指在日常生活中演唱的小型民歌;酒曲是在猜拳行令时演唱的小调。东乡族的小调、酒曲和当地回族、汉族的小调、酒曲无大区别。

东乡刺绣,当地人叫"扎花",是生活实用与艺术装饰的结合品。其线工豪放而不失秀美,图画多以花卉构成,有牡丹、秋菊、石榴、牵牛、蜡梅等,蝴蝶绕花间,别有情趣。

东乡族能工巧匠多,毛毡和擀毡技艺闻名遐迩。擀毡技艺已入选第二批国家级非物质文化遗产名录。在建筑装饰上可以看到精美的木雕和砖雕,图案栩栩如生。雕刻内容有字画、人物山水、龙凤呈祥、梅兰竹菊、屋脊宝瓶等,浮雕透视逼真,笔法枯润得当。许多新盖房舍的人家常在院墙门楼上使用砖雕、木刻,显出气派和喜庆,装饰效果很好。

图 2-32
木雕

第三章

宁夏典型
传统村落

中国传统村落
文化抢救与研究
文化区系列

Chinese
Traditional
Villages

银川平原灌区自古就有"天下黄河富宁夏"的赞誉，黄河之于宁夏的重要性不言而喻。银川平原作为河套平原的组成部分，位于阿拉善高原、鄂尔多斯高原之间，三面环绕沙漠，南部与黄土高原相接；以青铜峡为界，南面是卫宁平原，北面为银吴平原。银吴平原主要由黄河冲积平原与贺兰山东麓洪积扇倾斜平原构成；卫宁平原夹于黄土高原和卫宁北山之间，是典型的河流冲积平原。

　　整体来看，银川平原地势平坦，水流平缓，西高东低，得天独厚的条件为其自流灌溉创造了条件。自古宁夏人民就在银川平原上引渠灌水、浇灌农田，使得银川平原赢得"塞北江南"的美誉。宁夏引黄灌溉工程至今已有2000多年的历史，灌区以青铜峡水利枢纽为界，分为上游的卫宁灌区和下游的青铜峡灌区。作为我国最古老的引黄灌溉区之一，银川平原与杭嘉湖平原、成都都江堰灌区、珠江三角洲并称我国东西南北四大"明珠"。散落在银川平原的村落，受黄河与引黄灌溉的双重恩惠，其村落类型主要以冲积平原引黄灌区型传统村落为主。

第一节
银川平原灌溉区传统村落

典型村落：永宁县杨和镇纳家户村

（一）村落概况

永宁县域内黄河自流灌溉，因此永宁县素有"塞上江南、鱼米之乡"的美称。从地势来看，其西部地势较高，东部较为平坦，且东部以黄河冲积的一级阶地和少量河滩地为主。从地理区位来看，永宁县地处黄河上游、宁夏北部河西灌区的中部、黄河冲积平原之上，北与银川市市中心相接，南与青铜峡市相连，东以黄河中心线为界，与灵武市隔河相望，西部与贺兰山相连，以贺兰山明长城为界与内蒙古阿拉善左旗接壤。

杨和镇位于永宁县东部，系永宁县政府驻地，位于汉延渠西岸。明嘉靖年间，这里的参将名为杨和，故以其名命名为杨和镇。纳家户村位于杨和镇的西部，地处银川平原腹地，下辖11个自然村。《永宁县军事志》记载，纳家户村原名纳家闸，因村子东面汉延渠的大水闸而得名。村子内地势平坦，由西南向东北倾斜，自然条件优越。

（二）村落形态

自元朝时期，回族先民定居宁夏就形成了"不独处、忌野居"的特点；明代，大量的回族同胞迁入宁夏定居，逐渐形成"大分散、小聚居"的分布特点，小聚居成为回族村落的主要形式。坐落于银川平原的纳家户村，共有1630户5250人。它靠近汉延渠，距离黄河岸边不到20千米。村落规模相对较大，人口密度也较大，聚落以棋盘式形态密集分布于河道旁，平面呈现出规则的长方形状，是较为典型的集团型村落。回族村落讲求"围寺而居"，纳家户村居民的房屋以纳家户清真寺为中心，依寺而建。过去纳家户村的耕地分布于村落的西、北、南三面，北面居多，东面多为果园；现今农田共计3400亩左右，主要分布在高速公路西边、村子的北边以及河滩上。村内部分农田用作大棚种植，部分用于普通种植。

（三）建筑

1. 民居建筑

明代末期，纳家户村已具有一定的规模。村内不仅修建城池，村子四周还修建了寨墙。寨墙东西南北共开四大门楼，在城的四角修建了角楼，城的四周有护城河。据传村内有一条秘密地道通向西门外的王瞳庄。村子的东门外多为做生意的油坊、烧坊等。当时的城门由青砖砌成并刻有"纳家户"的字样。1951年开始农业合作化，纳家户的城墙被推倒。80年代，村里实行旧村改造，对村内房屋实行统一规划，纳家户村的四方形寨子逐渐消失，发展为现在的格局与建筑形式。

传统的回族民居一般修建成窄四合院,供一大家子人居住。建筑材料一般为灰砖、灰瓦、木门窗。院落比例一般为 2 : 1,且以窄长的庭院居多;大多以独院式为主,也有纵向式、横向式、纵横交错式的宅院。屋顶多为硬山。屋面主要铺小青瓦,小青瓦两端的局部用筒瓦骑缝。屋脊一般做成砖雕,或用成片瓦组成镂空花装饰在门、窗等部位。

纳家户村的民居建筑主要分为三部分。从纳闸桥(纳新桥)进入纳家户村后,沿纳新街向西可直抵纳家户清真寺所在位置,街道的南北两侧是回族风情一条街,一直向西延伸。以回族风情一条街为中心,风情街的南面是安置小区,也称为纳家户新村,建筑为低层楼房。北面是新农村,均为平房。

以清真寺为中心,其东面的住宅区较为整齐,西面村民的"老庄"分布区,保持其原有的风貌,道路街巷较为凌乱。从建筑形式

图 3-1
安置小区

西北传统村落

图 3-2
回族风情一条街指示牌

看,"老庄"分布区以传统民居为主,多是砖房,以排为单位,房顶大多为平顶,房屋大都坐北朝南修建,基本每家修建 4 间房。

2. 纳家户清真寺

根据《永宁县志》记载,纳家户清真寺建于明嘉靖三年(1524),清乾隆三年(1738)因地震部分建筑遭到破坏,清嘉庆年间重新修复,1982 年、1984 年政府两次拨款修补。纳家户清真寺融合了中国传统建筑与阿拉伯建筑元素,如建筑中的四尖歇山脊、三卷棚歇山脊、"双龙戏珠"、"凤凰戏牡丹"、"丹凤朝阳"等体现了中国传统建筑要素,建筑体内外的阿拉伯文书法、花卉雕刻等则是伊斯兰建筑中常见的装饰。

根据《纳家户村志》中的描述,清真寺的整体布局采用类似传统四合院的建筑格局,东西为主轴,礼拜大殿建于庭院西侧,坐西朝东，这与穆斯林做礼拜的朝向有很大关系，因麦加城位于中国的西方，所以他们在做礼拜时要面向西、背向东。大门位于东侧，由邦克楼与望月楼结合而成。南北相互对称建有厢房，南侧的厢房用作接待、储藏，北侧厢房用于阿訇讲经、办公以及作为宿舍使用。每年的"开斋节"和"古尔邦节"到寺内聚礼者达1500人之多。

（四）产业结构

纳家户是一个典型的"农商结合"的村落。在杨和镇设镇之前，纳家户村就是一个商贾云集的集市贸易中心，每到星期五主麻的日子，方圆几十里内的商贩就赶着骡、马、牛、羊来此地赶集。纳家户村的商业经营以家庭经营为主，一般以经营小百货、小杂货、牛羊肉，收废杂品等为主，大宗生意则一般选择在银川等市区经营，经商也是部分村民过去的主要经济来源，现今纳家户村民的主要经济来源以开篷篷车为主。

纳家户地处黄河冲积平原的腹地，交通便利，地势平坦，利于灌溉，汉延渠自村东经过，这些都为纳家户村的农业发展创造了有利条件。村内的农耕土地基本以水浇地为主，水源主要来自黄河水。粮食作物以小麦、水稻、玉米等为主；经济作物以胡麻、甜菜、蔬菜等为主；果产品以葡萄、苹果、梨、核桃等为主；养殖业以养羊为主，此外还养殖鸡等家禽。林业方面，村内主要种植杨树、臭椿、苹果、沙枣、刺槐等乔木，红柳、沙柳、柠条等灌木。杨树主要分布在沟、渠、路旁及村周边。柳树、臭椿为主要的用材林，主要分布在房前屋后、沟、渠、路旁。苹果、桃、梨、杏等为主的经济林主要分布在农户庭院。

（五）民俗礼仪及文化艺术

1. 民俗礼仪

纳家户回族与其他地区的回族一样，待人热情真诚，注重礼节，和蔼可亲。亲友相逢时以喜悦的面容相待，互道"色俩目"之礼。家里来客人时，一般都走出大门迎接，并主动为客人揭门帘，让客人先进屋，主动为客人沏茶、备饭，还要端上瓜果点心或自制的面点招待，而且所有家庭成员都要与客人见面问好。若遇上老年客人，还要烧热炕请老人坐，并敬"五香茶"或"八宝茶"。与众人聚餐时，让年长的人入上席就座，等长辈动筷子后，其他人才能动筷。吃饭时，讲究小口进食；吃饼时，用手掰着吃，忌在手里大口咬。与友人交谈，不左顾右盼、伸懒腰、打哈欠。送客人时，和颜悦色，全家人都要一一与客人道别、祝福，要一再挽留直至送到

图 3-3
回族八宝茶（盖碗茶）

大门口。出行时向父母讨"口唤",即征得同意,回来时向父母请安、汇报。

2. 文化艺术

纳家户村的民间故事以宣扬人世间的真、善、美为主;民歌、歌谣、谚语的内容大都来源于生活,深受回族同胞生活、历史文化的影响;著述、诗词、楹联等都与纳家户村的回族人物、风俗、建筑等息息相关。回族的民间工艺品如刺绣、剪纸、阿拉伯文书法、砖雕等都体现了回族文化与汉族文化的融合。

第二节
山地及鄂尔多斯台地农牧交错区传统村落

一、山间河滩式典型村落:中卫市沙坡头区香山乡南长滩村

(一)村落概况

中卫市位于宁夏中西部,地形复杂多样。从整体来看,其地势东北低,西南高。其东北部作为银川平原的一部分,主要为黄河冲积平原与冲积台地;最北部位于腾格里沙漠南部边缘,还包括了贺兰山的余脉,也被称为卫宁山地。

沙坡头区位于中卫市西北部,其地形也较为复杂。西北部以丘

陵、沙漠为主，中部以冲积平原为主，南部以香山山脉为主。沙坡头南部的香山乡正是因为香山山脉而得名。从整体来看，香山乡地势西高东低，主要以低山丘陵为主。

南长滩村位于香山脚下由黄河冲刷而成的河滩。黄河流经黑山峡后进入宁夏境内，经过中卫市沙坡头区香山乡南长滩村和北长滩村后进入青铜峡。南长滩村作为黄河进入宁夏境内流经的第一个村落，被誉为"宁夏黄河第一村、宁夏黄河第一渡、宁夏黄河第一漂"。南长滩村也叫梨花村，地处宁夏、甘肃两地的交界处，属于沙坡头区香山乡。村子被群山环绕，坐落处是一个由黄河长久冲刷、沉积而成的狭长的河滩地。从村名来看，南长滩村的"南"是指地处黄河之南，"长"是指村子顺着河滩而建，"滩"则是指黄河岸边滩涂地。

（二）村落形态

河滩地地势平坦，水资源丰富，便于农耕与灌溉，对人口具有较强的吸引力，聚落的规模也相对较大。南长滩村三面靠山，一河环流，是黄河南岸一个月牙形的、海拔2500米的聚落，村内田地、道路交错纵横，房屋总体以不规则的多边形沿着河流凸岸集聚，属于集聚型村落中的团状村落。

（三）建筑形式

在村庄北部的山坡处，还能看到先民曾经居住过的窑洞，山坡下则是现今居民聚集居住的房屋。由于南长滩村地处宁夏中部的干

图 3-4
南长滩村一角（一）

图 3-5
南长滩村一角（二）

旱地带，日照充足，干旱少雨，其建筑注重保温防寒，房屋之间也较为紧凑。早年的房屋以土坯房为主，现今逐渐有了砖土混砌的房屋。在建筑形式上，南长滩村的建筑与北京四合院的建筑形式较为相似。房屋一般坐东朝西，在正房旁建厢房，房屋构架以四梁八柱为主。现今逐渐出现了厢房围院的形式。房屋建立在砖石砌成的台基上，房屋背面无窗，房顶以平顶为主。房屋内均利用火炕取暖。由于南长滩村民风淳朴，居民的庭院大多只用砖石垒墙院，不建院门；家家户户不装门闩，不装暗锁。这样的习俗一直延续至今。

图 3-6　南长滩村民居的屋顶

图 3-7　南长滩村民居院落

（四）产业结构

香山土层深厚，很适宜生长野糜子、枸杞子。先民们很早就在香山这一带沿着河谷沟地寻找可以居住的山洞，在香山四眼井、沙塘、站马营子、黄套、石梯子、白崖子等处都发现了彩陶墓地或成片的红陶片、彩陶片。产业结构以种植业和养殖业为主，养殖业是村民的主要经济来源之一，并且以家庭式的养殖为主，养殖的牲畜品种又以较为古老的中卫山羊为主。中卫山羊也叫沙毛山羊，是中国裘皮用山羊，也是世界唯一的裘皮山羊品种。南长滩村是中卫山羊的"祖籍"。村民养羊主要采取放养的形式，即白天将羊群赶进山里，羊群最后会自主回圈。

南长滩村沿河而建，河里有著名的鸽子鱼。鸽子鱼在历代都被列入贡品名单中。随着环境等外界因素的影响，现今河内的鸽子鱼已经较为稀少。

图 3-8
南长滩村梨园的梨花

图3-9
南长滩村村民
晾晒红枣

村子的种植业以种植枣、核桃、梨为主。南长滩的大枣和软梨子被列入国家农产品地理标志等级保护之中。梨、枣的种植面积已由过去的800多亩发展到现在的1700亩。在村内河滩地不远处还有上千棵百年老梨树，这些梨树有的树龄达到400年，每年的4月梨花开放，形成"长滩梨雪"的壮观景色。

（五）生产生活

在生活上，南长滩村的饮食以面食为主，有滚粉泡芋头、硬面干烙子，还有清真鸽子鱼、米黄子、煎猪脏等特色小吃。在婚嫁习俗方面，南长滩村有同姓不通婚的不成文规定，因此他们主要与黄河斜对岸的北长滩村、甘肃靖远县的村民通婚。

（六）遗址遗迹

在秦始皇以及汉高祖时代，南长滩村属于秦朝、汉朝的陇西边塞之地。据考古发掘，在南长滩村东北侧的断崖地层处有一处秦汉时期人类居住遗址，这里还发现了秦汉文化层以及陶器残片与建筑用瓦等物。在秦汉遗址地层上的村民院落外侧崖壁处还发现了元、明时期的文化层，并且在裸露的文化层中发现了较丰富的粗瓷片。黄河南岸的村边还留有断断续续的长城遗迹。据相关书籍记载，这些长城应始建于战国时期，东边主要是以土夯而成，西边以山石堆垒而成。南长滩村背后的丰台山，被当地人称为东梁顶，即为原秦长城古烽火台所在地。

（七）历史文化

南长滩村以拓姓为主。村内现有的拓姓族谱是从清朝时期开始记录的。据考证，南长滩村的原址位于今香山腹地的帽帽山，是西夏聚落遗址。20世纪80年代，西夏学研究学者李范文考察后认为，南长滩村村民系西夏人的后裔。从这里发现的石砌遗址、遗迹以及相关的文物也表明，南长滩村的拓姓村民系西夏拓跋氏后裔。

二、荒漠草原式典型村落：盐池县花马池镇东塘村

灵武东部和盐池的北部地区作为鄂尔多斯高原的一部分，地处银川平原以东，海拔1200—1500米，台面上分布有较多的固定和

半固定沙丘。西部地区低矮的平梁和宽阔的谷地交错，起伏较为平缓，谷地里分布有盐池、海子等。这一地区水质差，风沙侵袭严重，沙荒多，农田少，是生态比较脆弱的天然牧场。

盐池县位于宁夏回族自治区的东部，县域内气候干燥，并且干燥程度由南向北逐渐增加，县域东南部位于黄土高原的北边，主要为黄土丘陵地貌；北部位于鄂尔多斯台地西南边缘，与内蒙古的毛乌素沙漠相接。自夏、商、周时期，此地就是少数民族的游牧天堂。花马池镇位于盐池县东北部，风多沙大，干旱少雨，属于半荒漠向荒漠过渡的地带。

图 3-10　远望东塘村

（一）村落概况

东塘村是花马池镇的一个行政村，位于花马池镇北部，距花马池镇 23 千米；村子北面与内蒙古鄂托克前旗接壤。全村辖 7 个自然村，村内共有 630 户，全村居民基本是汉族，是一个汉族聚居村落。东塘村下辖的自然村分布比较分散，各个自然村呈集聚形态，为荒漠草原地区集村式村落，但整体呈现不规则状态。

（二）建筑形式

20 世纪 80 年代之前，村内的房屋以土木结构为主；90 年代逐渐发展为砖木结构；90 年代之后以砖瓦结构为主。随着生活水平的提高，现在村民的房屋已大多为砖混结构。屋顶过去以平顶为主，并且过去的土木结构或砖木结构的房顶容易漏雨；随着砖瓦结构、砖混结构的兴起，现今房顶逐渐以倾斜的瓦房房顶为主。

（三）产业结构

东塘村地处荒漠草原地带，村子内有大面积的草场。对草场，村子以组为单位或以集体所有的形式进行管理。村内产业结构比较单一，以种植业和养殖业为主，种植业主要是种植玉米，也有个别村户种植杂粮。20 世纪 80 年代后，政府主导将旱地改造为水浇地，逐渐发展成今天的井灌区，有 6 个自然村已经开始实行节水滴灌。养殖业主要养殖盐池滩羊，还有少数农户养殖鸡、猪等。

（四）村落物质文化景观

1. 张家场古城

古城坐落于荒漠之中，四周为丘陵、沙漠，属全国重点文物保护单位。古城平面呈长方形，外城东西长 1200 米，南北宽 800 米；内城南北长 338 米，东西宽 320 米。根据文物调查推断，古城为秦代后期至东汉初年的煦衍县城，曾是一座少数民族聚居的城市，并且是一个畜牧业发达、商品交易频繁的中心城市。张家场古城为研究秦汉时期北方城市布局、边疆游牧文化与中原农耕文化的交流与融合以及少数民族历史文化提供了珍贵的实物资料。

图 3-11　张家场古城标识牌

2. 张氏祠堂

东塘村过去是张氏人家牧场。为了缅怀祖先,张氏后人投入150万元在这里修建了一处占地15亩的张氏祠堂。

第三节
宁南黄土高原丘陵沟壑区传统村落

一、山地窑洞式典型村落:固原市彭阳县王洼镇崖堡村

(一)村落概况

彭阳县地处黄土高原丘陵沟壑区,位于宁夏东南部边缘,六盘山东北部边缘,地势西北高、东南低,境内具有黄土高原的典型地貌塬、梁、峁,且沟壑纵横。王洼镇位于彭阳县北部干旱地带,崖堡村地处王洼镇辖区。先秦时期,这里是少数民族的活动区域,隋唐以后这里逐渐成为中原王朝的管辖地。村子的原住先民大多是周边逃荒迁徙至此的农民。

崖堡村是王洼镇的一个行政村,交通条件便利,可谓四通八达,309国道穿村而过。村子下辖崖堡、南湾、大寨、崾坝4个村民小组,其中崖堡村人口最多。

（二）崖堡村聚落形态

崖堡村地处黄土丘陵向黄土残塬过渡的地带，水系分明，是茹河、安家川河的发源地，同时也是两条河流的分水岭。村域内山坡、梁、峁、川、沟、壕相间，地形以山为主，山又以黄峁山、王洼山为主，共占地21平方千米。受地形的限制，村子分布在山间较平坦处，分散于309国道两旁，并沿山地呈条状，无明显的中心点，规模较小。崖堡村的主要农业耕作区分布在沟台地与部分川壕之间。沟台地是两座山梁之间的平缓川壕地，地势较低，土地平整，肥力较好，适合种植小麦、糜子、玉米等农作物，是崖堡村重要的产粮区。部分川壕地经过小流域综合治理，逐渐成为崖堡村的稳产高产田地。

从村子内部来看，村子呈现半集聚状态。村内没有街巷等空间，道路是沿山地形成的固定小径。农田分布不均匀，主要分布在地势

图3-12
崖堡村农田

平坦的地段，且大部分为"机修地"，即用机器将地推平整；而分布在沟、洼等地的农田约有 8600 亩，现今也逐渐成为"退耕地"。

（三）建筑形式

崖堡村地处黄土高原丘陵地带，沟壑纵横，其地貌适宜窑洞的修建，几乎每家每户都有大小不等的窑洞。这里的窑洞与陕北、甘肃等地的窑洞略有不同。每家每户修建的居住的地方叫庄子，选址时要先定方位，讲究庄子前要视野开阔，庄子背靠之地要高大，左右要有所遮挡，因此一般选择在避风向阳、临近水源、背靠较为高大的土山以及视野较为开阔的地方建造。考虑到挖掘的难易程度，一般庄子都选择在山边、地势较陡的地方进行修建，这样挖崖面时，出土较为方便，节省工力。选好修建的地址后，再要经过修崖面、挖窑洞、做窑、砌门肩、盘灶和盘炕等过程。在修崖面时，为了节省工力，首先确定崖面的大致方位，再在下面取土时直接从竖崖面挖取一个坑道直达崖面，到崖面时，再左右开挖坑道，直至露出崖面为止。挖好崖面后，则可开始挖窑洞。窑洞的数量是根据崖面的长度来定的，形状一般是直边拱圆形顶。窑洞的大小则要根据土质确定，土中若含有红色、褐色胶土，则可以略微增加窑洞的宽度和高度，因为此种土质黏性较高，待土风干后，较为坚硬，不易裂开；而纯黄土质的窑洞则要尽量挖得小一些，并且在开挖之前还要打好土坯晒干，以备挖窑过程中出现开裂、塌方时修补加固。窑洞挖好后，还要等待其干燥，再经过修整，才可以入住。在修整的过程中，要注重拱顶的圆平，两边窑壁的垂直，同时还要保证前高后低以确保窑洞的采光通风。窑洞修成入住后，一般人家还要打院墙。院墙的高度一般为2—3米，厚度为0.5—1.5米。明清时代，有的大户人家为了防盗防匪，还会将自己的庄子围墙修成堡寨形式。从窑洞的功能来看，不同的窑洞具备不同的功能。一般三孔窑的中间窑洞作为主窑，其面积也比左右窑洞要大一些，一般是主人的居住窑。左侧的窑洞一般作为灶房使用，右侧的窑洞一般用于储物或养牲口。高窑即在窑洞上面的崖面挖成的窑洞，在过去主要用于存放贵重物品，躲避土匪；地窖主要用于存放粮食，在过去也有躲避匪患的功能。

现在，村子里大部分的窑洞年久失修，出现了不同程度的裂痕、坍塌。在精准扶贫等政策的扶持下，村内进行了危房改造工程，家家户户都在原有院落的基础上盖起了面积不等的砖木房。砖木房一砖到顶，上下圈梁，屋顶为坡屋顶，房屋朝向多为坐北朝南。

（四）产业结构

目前，崖堡村村民的经济来源主要有三方面。一为外出务工，村子里每年外出务工400多人，其收入占整体收入的40%。二为种植业，以种植秋杂粮、土豆为主，夏收作物以冬小麦、豌豆、胡麻为主，秋收作物以荞麦、玉米、大燕麦等为主。三为养殖业，养殖业以家庭式养殖为主，主要喂养牛、羊、猪、马、鸡等牲畜，其中羊的养殖因经济效益低，数量相对较少；牛以家庭养殖为主，有约10户家庭的养牛量达5头，其余为两三头牛的养殖量。牛主要用于农田耕作、食用、销售等，村内还有村民自发成立的养猪场、养牛场。

（五）民俗、生活与文化

1. 俗语传说

崖堡村的先民大多是从各地逃难迁移至此的，现今村民所说的方言是由当时逃难的居民与原住居民在长期的交往中形成的方言。谚语、歇后语也与其他地区流传下来的差异不大，歌谣只留有歌名，内容无从考证。楹联等与其他村落相比也无差别，即在不同的历史时期表现不同的历史生活，进而表达不同的内涵。民间传说大多与地名有关，据说"马圈梁""马岭子""大路壕"等地名就出现在薛平贵与王宝钏的民间故事中。此外还有关于"马岗堡""崖堡大窑"等的民间传说故事。

2. 习俗

崖堡村是一个纯汉族聚居的村落，很多习俗与汉族的传统习俗并无差异。如临近春节，先请灶神，要在灶前上香烛、上神位、接神、请祖宗神位等，大多数村民只在门前焚化纸钱以示祭奠；又如在正月初一要早走给长辈拜年，初二走亲访友，初七忌出远门等。

3. 生产生活

崖堡村村民的饮食，主要以面食为主，如荞面、燕麦面、米面等。村民还会自酿黄酒、酒麸子、醋、浆水等饮品、调味料。在此地生长着一种名为地椒子的草本植物，有祛风止痛、养胃润肺等功能，村民会用它泡水喝。

4. 民间技艺

过去崖堡村一部分村民会出卖劳动力或学一些工匠技术用来养家糊口，如做替别人运输货物的脚户，替别人收麦子的麦客，专门捕捉、训练鹞子赶鸟的放鹞人，帮石磨主人重新锻造被磨平的旧磨子的锻磨人，加工羊毛的毡匠，打胡基、补破窑、箍窑、洗崖面的土匠，还有皮匠、白皮匠、木匠等。随着社会的发展，一些传统的职业逐渐淡出历史，如脚户、麦客、放鹞人等，另一些传统的职业则借助新技术一直发展至今，如木匠、窑匠、厨师等。此外一些新兴的民间技艺随着社会的发展应运而生，如砖工、机动车驾驶员、瓦工等。手工艺品主要有剪纸、绣花等。崖堡村的妇女基本都会剪纸、绣花、刺绣，如枕头绣、鞋绣、鞋垫绣等，很多家庭姑娘出嫁都会将这些绣品作为陪嫁物品。为了提高村民的手艺，村内还在 2017 年连续举办了两次刺绣培训班。崖堡村的民间艺术以皮影、秦腔、社火为主，但皮影、秦腔等民间艺术已逐渐在人们的生活中消失，唯独社火一直流传至今。

崖堡村有自己的社火队，每年春节期间社火队会在村内表演。社火每到一家，住户会用香烛从院外、大门口、院中央分三次迎接，主人家在院中还要摆设茶水烟酒等进行招待，降祥完毕后要在村庄空旷的地方进行表演。为了发展村内的民间艺术文化，政府投资新建了一个文化广场，供村民进行文化活动。

（六）文化古迹

崖堡村南湾队境内有一处双烽台，它是古烽火墩中的一座，另一座位于王洼村境内。崖堡村境内的这一座保存较为完好，高 3 米多，四方形，南面的墩座只剩下一堆高出地面的土堆。

此处还有一个古城遗址。古城沿山头而建，呈长方形，有内外三道城墙。城池一半在山坡、一半在平地，共有两个城门，一个在正南方，一个在东南方。该古城遗址的布局与彭阳古城基本一致，不但修筑了城池，还修筑了专门圈马的马圈，由此可推断出该古城在古代应该是用于边防的。

在崖堡村大寨庄内的山边临平台处，有一处坐北朝南的古堡，人称大寨古堡，现今部分已坍塌，陷入沟中。

崖堡村得名于村内的一处古堡。此堡一半贴近崖边，故名崖堡。崖堡村靠沟边处还存有堡墙的一角。从现存遗迹看当时古堡规模并不大，极有可能是过去的大户人家为了防止匪贼而修建的。靠堡墙处还有砖瓦窑遗址。

二、丘陵山区集村式典型村落：固原市隆德县奠安乡梁堡村一组

（一）自然地理基础

固原在古代一直都是中原文化与草原文化的交汇过渡地带。它地处宁夏南部，自古就是军事重镇，也是古丝绸之路的必经之地。隆德县地处固原市西南部，六盘山西麓，被称为"关陇锁钥"之地。县内地势东高西低，东部以六盘山为主，西部主要为黄土高原。

奠安乡地处隆德县南部，地貌较为复杂。从地貌上看，奠安乡地处黄土丘陵和六盘山外围沙石区，整个地势东高西低，且境内丘

图 3-13　梁堡村远景

陵沟壑纵横；东部为阴湿多雨的土石山区，西北部为干旱少雨的沟壑山区，中部夹杂少量的河谷川地。

（二）村落概况

梁堡村是奠安乡的一个自然村，历史上曾是西出通往陇右的通道之一。从地理位置来看，其位于隆德县西南、六盘山西麓，坐落于六盘山脚下、奠安乡西南部的二级台地上。其西南与甘肃庄浪县接壤，庄浪河从村前流过。

梁堡村距离县城近 40 千米，是一个纯汉族聚集村落。村子形成于宋代之前，已经有上千年的历史。它以城堡为制高点呈阶梯分布，城堡的军事格局至今仍然可以辨认出来。目前有 200 多户农家，下辖 3 个村民小组，梁堡村一组即为其中之一。2012 年，住房城乡建设部、文化部（现文化和旅游部）、财政部将梁堡村一组列入第一批中国传统村落名录。早在新石器时期，梁堡村所在地就已成为先民繁衍生息的场所，在这里出土的大量石器、陶器以及骨器等均能够证实这一点。唐代，梁堡村所在地是陕西通往甘肃的唯一通道。元代，丝绸之路又经过这里。清末民初，这里匪患问题较为严重，因此，为了保护村民的人身安全和财产安全，住在公路两旁的村民在地形的基础上修筑起了堡墙，这也是村子以堡命名的一个原因。村内村民姓氏有梁姓、刘姓、董姓、李姓等。堡内刘姓较多，村内梁姓较多。住户以城堡的城门为中线，分别居住于城墙南北，大多数人居住于堡内。

（三）村落形态

梁堡村的三个自然村分别坐落在两山一沟一川之中，203 乡道穿村而过。村子背靠唐山，依山而建，庄浪河从村前流过。这种靠山面水的选择，能够充分利用当地的地形，不仅避风，而且庭院向阳。从外部看，村落呈扇形分布；从内部看，房屋修建得较为密集，依次排列并保持了一定距离；整体以半集聚形式不规则地分布于柴家沟与范家峡之间凸起的山丘平台之上。村内道路的主干道以土路为主，道路间距根据住宅间距自然形成，村内公共布局比较紧凑。农田分布于村落周边，耕地大多位于比较平缓的低山丘陵地带。

（四）建筑形式

梁堡村早期的房屋以黄土夯筑而成，后逐渐变为土坯房。居民为了提高居住的舒适性、安全性、美观性，开始修建"人"字房，房顶一般用檩子做大梁，多为木质结构。大门的朝向一般以东、南为主，屋脊还装饰着吻兽。村内有多处明清时代的建筑，多为传统三合院、四合院。

院落一般为正方形或长方形，分为上房、主房和偏房。一般家中辈分高的住在上房，偏房一般用来储存粮食。院墙多为土墙或小青砖墙。有些房屋前门洞两侧的泥坯中间还雕有仙鹤和鹿的图案。随着政府对危房的改造，村内房屋现基本以青砖作为主要建筑材料，以砖木结构为主，院墙也多以砖土砌成。

图 3-14
梁堡村古堡内的面貌

（五）产业结构

村民的收入主要依靠外出打工、种植业和养殖业。村内共有约1880亩耕地，其中有约480亩已流转出去。农田主要分布在村子周围，种植业以种植冬小麦、蚕豆、玉米、土豆、胡麻等为主，养殖业以养牛、羊、猪等家畜类为主。目前村内的支柱产业为中药材、菊芋等的种植，也有少数村民依靠传统的手工编织、酿醋等谋生。

图3-15 村内400多年树龄的核桃树

（六）民俗遗产

村域有新石器时期的齐家文化遗址，还有保存完整的宋代城堡及明代古民居；还保留了很多传统的民俗，如隆德高台马社火、剪纸、刺绣、绘画等。

高台马社火被誉为当地民间文化的活化石。每年腊月一到，村内的居民就开始为高台马社火做准备，然后在街头集体表演。社火的内容一般以折子戏中的故事人物为主，表演者会穿戴符合角色身份的服装，并持握道具，目的在于祈求来年风调雨顺、五谷丰登。

剪纸是梁堡村妇女擅长的民间技艺之一。过去在节庆或婚丧嫁娶时，村民就会将剪纸贴在窗户、水缸、房门等地方。剪纸的内容以花鸟鱼虫、民间传说为主。刺绣同样也是梁堡村妇女的拿手技艺之一。刺绣的形式较为多样，如香包、枕头套、鞋垫、挂饰等，花色或艳丽或朴素。除此之外，村内的老人还擅长草编、竹编技艺。

图 3-16
高台马社火

图 3-17
梁堡村剪纸

村内还有吼奏腔、唱眉户剧的传艺人。村内世德堂的先辈流传下来的用中草药续骨的刘氏正骨术,已成为当今县级非物质文化遗产保护项目。

(七)古城遗迹

1. 古城堡

在村子的北面半山腰处有一个古城堡,据考证是宋代所建的一个军事防御设施,因此也有人称之为宋城堡,距今已有约1000年的历史,保存较为完整。1920年海原大地震时城堡城墙坍塌,村民自发对其进行了修补。城墙用黄土依山而建成,坐东朝西,堡门由砖石砌成,高、宽均约2米,至今还依稀可见堡门匾额上刻的"吉祥"二字。古城堡平面呈长方形,东西长170米,南北宽70米,占地1万余平方米。在残留的门框边上可以看到过去固定门闩时留下的石

西 北 传 统 村 落

图 3-18
梁堡村古城堡大门

图 3-19
改建后的古城堡大门
（远景）

槽，门洞上方的"国泰民安"的字样因为年代久远已经发白。因为古城堡年代较久，堡门有所损坏；现存的堡门高约 3 米，宽约 2.5 米，是在原有堡门的基础上修建的。

2. 古宅世德堂

在古城堡内有一处保存较为完整的古宅世德堂。它修建于明朝时期,占地约有1亩,坐南朝北,以木架结构、"人"字梁结构、坡屋顶为主,由正殿、左右厢房组成,具有传统典型四合院建筑形式。房顶盖有小青瓦,房檐的青瓦口还有勾头用于滴水。清水脊处刻有莲花。门窗为传统的木制门窗。屋内陈设基本保持了原貌,但是有很大部分家具在"文革"时期被损毁,现有的家具有明代太师椅、笔盒、古砚、锦盒等。正殿门额上原有世德堂的牌匾,长1.65米,宽0.7米,牌匾右上方刻有"岁在乙卯浦月上"。相传在清朝,康熙皇帝微服私访到这此地,并赐予世德堂牌匾。但该牌匾已被损坏。

3. 二郎神庙、文昌庙

二郎神庙与文昌庙位于古堡旁,始建年代不详。里面供奉的分别为二郎神像和文昌帝君像,逢年过节时,本村及周边村的人都会到庙里上香、祈福。

图 3-20
梁堡村二郎神庙

第四节
回族地区民族传统村落

回族典型村落：吴忠市利通区东塔寺乡回族印象村

（一）村落概况

吴忠市回族占总人口的比例为48.2%，素有"回族之乡"的美称。回族印象村，原称穆民新村，是吴忠市较为典型的回族村落，地处吴忠市利通区东塔寺乡境内。东塔寺乡位于吴忠市东部，其东北部与灵武市接壤，地处宁夏引黄灌溉区的中部。

该村形成于20世纪50年代，是由吴忠市其他地区的回族居民搬迁组建而成的一个纯回族村落，现有居民约70户，300多人。村民中有30多位赴麦加朝觐的哈吉，还有几位超过百岁的老人，因此回族印象村也被称为"哈吉村""长寿村"。

2007年，回族印象村被列为国家级非物质文化遗产传承保护点。2013年11月，回族印象村被宁夏回族自治区文化厅列入第一批5个自治区级特色文化产业村镇。2015年，住房城乡建设部、国家旅游局（现文化和旅游部）将其列入全国特色景观旅游名镇名村示范名单，这也是宁夏首个全国特色景观旅游名镇名村。回族印象村还是国家少数民族特色村寨保护与发展试点之一。

图 3-21
穆民新村规划图

(二)建筑形式

　　村子里的房屋排列于清水沟右侧,以回族特有的小聚居形态分布;土地分布于民居住所的东北方向。村内的建筑巧妙地融合了中式建筑和伊斯兰建筑风格,且均为白墙灰瓦的仿古建筑。外墙以汉族传统文化元素为主,屋内装饰以回族传统住家元素为主,房屋建筑特点以合院式为主。南北朝向都有房子,正房一般面朝南。大门

图 3-22
回族印象村村民房屋大门近景

图 3-23
回族印象村人家屋内一角

为统一的绿色双开铁门，绿色代表了和平。大门上还镶有金色的铆钉，金色代表了财富，寓意村中的每一家农户都能和谐幸福。居民的住宅均为单层建筑，且整齐地列于道路两旁。几乎所有的门楼上都有伊斯兰风格的"葱头顶"，并配以雕花灰砖。院落内以青砖为主，并在院内院墙上雕刻有明清风格的花纹；门窗则更具现代气息，以铝合金推拉式门窗为主，也有的以晚清风格的木制门窗为主。回族民居非常讲究室内的整洁，物件摆放得井然有序；室外多以山水风景、几何图形、植物花卉等为

图 3-24
回族印象村街道一角

饰，室内悬挂字画；院内喜欢种植葡萄、果木、花草；院内的鸡棚、鸽舍、畜圈各有所处。

（三）产业结构

回族印象村是一个典型的近郊村，交通方便快捷。村民的部分土地已经流转出去，留存下来的土地主要用于种植玉米、小麦等农作物。村子的养殖业主要以家庭为单位，无大规模的养殖产业。

村民的收入主要是通过做生意、进城务工等方式获得。目前村内的产业除了上述以外，还利用当地特色开发旅游业，如民俗小游园、回族民俗博物馆、回族特色民居长廊等。为发展旅游业，向外界展示回族生活、建筑、文化等，村子通过改造更便于接待游客，并修建了星级公厕等。村子游客接待量逐渐提升，现年均已达 10 万人次。

（四）村落保护与利用

　　回族印象村以"美丽乡村"为建设契机和突破口，因地制宜，深度挖掘当地的回族文化，作为传承回族民俗文化的典型村落，打造以"回族文化为底蕴、非物质文化遗产为特色、乡村风情体验为时尚、休闲度假为亮点"的综合性旅游目的地。对村庄主干道等进行改造，从村落中选出 10 户家庭，在其原有住宅的基础上进行改造，为来访者提供住宿、餐饮等服务，让游客们和回族人家、回族民俗有了真正的"亲密接触"。村内还建设了回族民俗文化馆、特色小游园等基础设施。为保护回族特有的非物质文化遗产，广泛收集了具有回族特色的装饰品、器物，并挖掘整理了回族剪纸、刺绣以及回族特有的花儿清唱、口弦子、回族武术、回族书法、回族舞蹈等非物质文化遗产。

第四章 新疆典型传统村落

中国传统村落文化抢救与研究

文化区系列

第一节
沙漠绿洲农业文化区传统村落

塔里木盆地外貌呈不规则菱形，四面环山，地势自西南向东北缓斜，最低点是东部的罗布泊湖面。盆地北端是自西向东流的塔里木河，盆地中央是中国最大、世界第十大的沙漠：塔克拉玛干沙漠。

南疆地区是典型的集绿洲、山地、荒漠三系统于一体的综合地带，在气候上属于干旱暖温带气候区，光热资源丰富。新疆地区地表径流量在空间分布上极不平衡，南疆的年径流量小于北部，有时甚至出现北疆暴雨洪涝而南疆干旱的情况。南疆塔里木盆地本身无法形成径流，但周边山区 4000 米以上有丰富的冰川，地表水资源总量为 384.7 亿立方米，还有外来水量 445.6 亿立方米。汇集于南疆塔里木盆地的河流有九大水系，较大的有叶尔羌、克孜勒、盖孜、车尔臣（且末）等河。

喀什典型农业村落：喀什古城

南疆的土质黏性较差，土壤盐碱化严重，颗粒偏沙砾状且较细，因此在南疆的生土建筑中很少见到土拱式建筑。而南疆的木材和次生林较多，且南疆冬天气温相对东疆地区较高，因此木材使用较为普遍，呈现多种材料辅助营造聚落的景象。这与东疆地区以生土为主要建材的情况完全不同。南疆地区在乡土材料的使用方面全面用材、因材施居，布局多呈三合院形式，庭内形式丰富。由于历史、政治、经济、人口等综合因素，街巷上部楼房相连形成过街楼现象。

(一) 村落概况

喀什市位于中国最西边陲，地处欧亚大陆腹部，北倚天山南脉，西倚帕米尔高原，南部是喀喇昆仑山，东部为塔克拉玛干大沙漠。在诸山和沙漠的环绕中，喀什犹如绿色的宝石。

喀什古城位于吐曼河南岸喀什市区的核心位置，是喀什市最早的城区，是现今城区的主体部分。古城包括东西两个旧城片区，其范围为南起人民路，北至色满路、亚瓦格路，东起吐曼路，西至尤木拉克协海尔路，占地面积约 3.6 平方千米。

喀什地处暖温带大陆性干旱气候带，四季分明，夏长冬短，光照时间长、降水量小，常遇浮尘、沙暴天气。全年平均气温为 11.7℃。

喀什素有"丝路明珠"的美称。整体地形北高南低，城区中心海拔 1285 米，城市中心区位于吐曼河、克孜勒河两河怀抱中，地势高敞，景色宜人，是塔里木盆地周边较为古老、富饶的绿洲城市之一。

(二) 村落布局

喀什古城主要街道向外辐射，蜿蜒曲折，公共设施位于街道两旁，民居建筑群布局灵活多变，鳞次栉比，延绵不绝，形成了其独特的总体空间格局。喀什古城的空间格局，历经了古今中外无数文明的撞击和交融，不断成长与完善。

（三）民居建筑

1. 建筑类型

古城中建筑物基本都呈方形、圆形，具有简洁、单纯的几何形体特点。墙面只开小窗，其余均为单纯的黄土实体墙，形成了稳定、厚重的体量感。由于生土材料本身的可塑性，建筑与建筑之间、体块与体块之间的拼接十分灵活，有相互交织、层层叠叠之感。

2. 建筑风格

古城建筑大量使用生土材料，呈现出粗犷的自然质地。由于自

图 4-1
喀什古城建筑物（一）

图 4-2　喀什古城建筑物（二）

然风化，墙面往往凹凸不平，墙角处也自然形成半圆形倒角，有一种原始的艺术美感。生土外墙的厚度、墙面的风化痕迹以及建筑体块的交织，产生出十分强烈的阴影效果，从而形成浮雕一般的质感。

3. 建筑材质与色彩

建筑物就地取材，以生土与杨木作为建筑材料，因此呈现出褐黄色的建筑基色。古城中的道路、围墙等大多也采用生土为材料,色彩风格与建筑一致。这些人类建筑与原有自然环境质地、色彩一致,浑然一体,十分和谐。

(四)民俗非遗

从古至今,众多文化在喀什交流、碰撞、汇集,使得这里的文化底蕴十分深厚,这里音乐、舞蹈和手工艺十分发达,商业贸易繁荣。除此之外,喀什古城中的民居风格独具特色,雕刻、彩画等都有极高的艺术性,成为古城非常重要的组成部分,集中体现了喀什古城文化艺术、建筑风格的特色和精华。

图 4-3
手工艺品

第二节
盆地农耕文化区传统村落

在新疆东部，吐鲁番盆地和哈密盆地孕育了生机勃勃的绿洲聚落。横亘亚洲中部的天山山脉是吐鲁番盆地的母亲。

在新疆盆地中，吐鲁番盆地面积仅次于塔里木盆地和准噶尔盆地，排名第三。吐鲁番盆地是天山中最大的山间盆地，西起阿拉山沟口，东至七角井峡谷西口，与哈密盆地相连，东西长245千米；北临博格达山，南至库鲁塔格山，南北宽约75千米，盆地总面积1.5万平方千米。吐鲁番在维吾尔语中意为"低地"。它是一个典型的地堑盆地，地面部分多在海拔500米以下。

吐鲁番盆地四面环山，形成了一个相对封闭的环境，外部的湿润气流无法进入，因此这里是典型的大陆荒漠性气候，干旱炎热。夏季最高气温可达49.6℃，6—8月的平均最高气温在38℃以上；聚热迅速，降水极少，号称"火洲"。昼夜温差很大，相差10℃左右。中午的沙面温度，最高曾达82.3℃。吐鲁番盆地的相对湿度低，全年相对湿度低于30%的时间长达120—140天，曾多次出现相对湿度为零的记录。

在降水量极少的情况下，河流和冰川融水成为此地的生命之水。连绵起伏的众多海拔高度在雪线以上的雪岭冰峰，给新疆带来了丰富的冰川，约占全国冰川面积的42%。吐鲁番盆地赖以生存的水源来自天山山系的博格达山和喀拉乌成山。博格达山一度被称为吐鲁番绿洲的保护神。吐鲁番盆地的河流，除盆地西缘的阿拉沟河

（发源于喀拉乌成山）外，还有12条河流，如坎儿齐其河、二塘沟、黑沟、塔尔郎沟等。

吐鲁番典型农业村落：吐峪沟乡麻扎村

由于气候炎热，该地建筑布局多为"一"字形、曲尺形、对立型等。地下室和半地下室的建设尤为重要，因为须格外考虑遮阳和空气流动。住屋前设有高架棚，院落呈内向型封闭或半封闭形式，建筑风格简洁朴素，装饰较少。

吐鲁番盆地炎热干旱，降水少而蒸发量大，土质盐碱化严重，在耐盐碱、干旱的植物中，成材的乔木又很少，因此木材资源相当宝贵。在乡土聚落中生长的树木，更是被当地居民当作宝物一般，大规模使用木材作为建筑材料就不太可能。在这种情形下，生土建筑应运而生。

在聚落营造中，除了使用生土材料外，遇到土质较为疏松、黏性不足时，人们会辅助性地使用一些农作物或植物的枝条，编织成篱笆，在外部糊上草泥浆做成墙体。树枝、农作物秸秆等材料具有取材方便、施工迅速、生态性能好等特点，墙体废弃后它们还可以被重新利用。

（一）自然地理与社会经济概况

吐峪沟麻扎村位于新疆吐鲁番市鄯善县西北部的吐峪沟乡，位于吐峪沟南沟口。村落在吐鲁番市区和鄯善县城中间，距吐鲁番市

图 4-4　麻扎古村落鸟瞰图

约 60 千米，距鄯善县城约 50 千米。麻扎村依火焰山山脚，傍苏贝希河而建。小村环境清幽，景致独特，村中葡萄满沟，一派田园景色，有众多百年古桑与白杨，街巷、房屋和麻扎群远远望去浑然一体，宛若天成，有"中国第一土庄"之称。

麻扎村地处吐鲁番盆地北缘，是典型的内陆干旱气候，年平均降水量仅 16 毫米，部分年份甚至终年无雨，称得上中国的"干极"。但是，北侧延展的天山，东西两侧绵亘的火焰山，为麻扎村形成了一道生态屏障，阻碍和削弱了来自西伯利亚的风沙和寒流，对涵养水源、调节气候，形成和保护灌区高效稳定的生态系统起到了重要的作用。麻扎村西部与吐鲁番市相接，地势低下闭塞，增温迅速，散

图 4-5 麻扎村全貌

热不易,具有极度干旱、夏热冬冷和日温差大等气候特点。

　　麻扎村村民收入主要依靠农业,长期从事葡萄、石榴、哈密瓜等特色农产品的种植。该村因地理位置偏僻,外来人口较少,长期以来逐渐形成了一个相对封闭的独立社会单元和独特的生产、生活方式及地域文化、民风民俗。不论是村落格局、院落形态、建筑形式,还是人们的语言、服饰等,都体现出独特的地域风情和鲜明的民族特征。

（二）民居建筑

吐峪沟麻扎村历史悠久，有很高的历史文化研究价值。其价值核心为独特的建筑工艺及装饰技艺，麻扎村的建筑包含着风土人情等珍贵的非物质文化遗产。吐峪沟麻扎村是迄今新疆保存最古老、最完好的维吾尔族村落，也是新疆至今完整保留传统民族建筑的古村落。

麻扎村是中国最古老的维吾尔族聚居地之一。村内民居呈条状分布，保存着大量维吾尔族传统民居。据调查统计，该村共有65户民居，具有300年以上历史、保存完好的民居1户，有250—300年历史的民居1户，有150—250年历史的3户，有100—150年历史的4户（因破损严重且缺乏维修，居民已经搬迁），还有1户有80多年历史的民宅，在2002年修缮后得以保存。麻扎村建筑均为土木结构，窑洞是靠山开挖形成的。居民根据当地生活需要就地取材，利用黏土造房，村子是国内保存最完整的生土建筑聚落之一。

村民的生活空间形态要素由物质和非物质两方面构成。物质形态是指有形要素的空间形态，如房间、厨房、葡萄晾房、储藏间、廊柱、棚架、羊圈等，这种有机的空间结构形式承载了当地人的生活行为，表现了当地民俗、人文等非物质文化。麻扎村房屋为土木结构，拥有厚实的墙体，冬暖夏凉，造型美观。其村落格局、建筑形式，从整体上看是当地居民对吐峪沟古代先民的传统民居的传承与延续。当地人受中原木匠用木钉连接木头的建房技术的启发而发明了黄黏土生土制坯建房技术。现存老民居的大门上部都有两个圆形、直径约10厘米的门当，呈花瓣状或锯齿状。这些都是从中原地区的建筑文化中吸收过来的。

而空间形态上，麻扎古村落常常在纵向上巧妙地错落叠加，形成大量的阴影空间。为了节约土地以及顺应地形的起伏变化，大部分房屋在平面和空间上都互相套叠，下层的屋顶常常是上层房间的平台，并且，在平台上搭起棚架，铺上茅草，就变成了防晒遮阳的露台。有一种"爬山屋"的建筑形式，巧妙地利用山体坡面，挖坑搭设平台，既节省了建筑材料和土地，又避免了日晒。

图 4-6
黄黏土生土制坯建房

图 4-7
"爬山屋"的建筑形式

1. 建筑空间形态

麻扎村内建筑保存相对完善，时隔数百年还能延续使用功能，保持着较好的民族特色。古建筑多有圆顶、尖拱、柱廊等，采用大量的植物纹饰，并搭配以典型几何纹样和文字。几何图案多选取矩形、椭圆形、三角形等。普通民居整体色调为黄色，外形质朴，因常年少雨，所以不用考虑防水性能。外表进行少量修饰，点缀以具有民族特色的窗花、门当。门当装饰多采用锯齿状、花瓣状、水果状、太阳状、星星状等。吐峪沟门当艺术是早期各个民族之间在文化、艺术、建筑等领域互相渗透、取长补短的结果。

麻扎村整体建筑风格有以下几种：

（1）环绕院落

以庭院为整体空间的中心，用低矮灌木围合整个院落，以葡萄架和大树形成遮盖，建成可以遮挡阳光、带来阴凉的院落。

图 4-8
环绕院落

（2）棚架院落

麻扎村的院落样式采用吐鲁番常见的院落形态，建筑中均有棚架和顶部遮盖。棚架占据空间的主要部分。居住建筑一般建造于棚架两侧或围绕棚架而建。建筑使用灵活，可以适应当地生产生活需要。受到棚架的影响，棚架院落式建筑的形式较为单一。

（3）开敞组合式院落

开敞组合式院落整体以南北通风为特色，相比棚架院落，其优点在于：开敞组合式院落在增加遮阳面积的前提下，对南北方向上的气流进行人为引导，增加了建筑的通风度。

2. 建筑结构

（1）墙体

麻扎村所在的吐鲁番盆地黏土层分布较为广泛，但缺乏石材和木材。基于该条件，麻扎村大部分建筑的墙壁均由黏土制成，常见的形式包括：直接夯打黏土而成、用土坯砖垒砌而成。其中，土坯砖的制造较为简便，多数情况下是将黏土浆直接倾倒入木制模具中塑造为方形，稍加干燥后，再置于烈日下曝晒。在砌墙时，各层砖坯间可不采用灰浆作为填料。特殊的气候条件和相对应的制作工艺下，在砌筑墙体时利用砖坯自重和上面残存的湿度，让砖坯在每一顺和每一丁的堆砌中，自发地黏合在一起。这种墙体砌筑的形式，不仅节省材料与精力，而且墙体建造完成后也相当坚固。砌墙完成之后，常在其表面涂抹一层平滑的细泥作为覆盖层。夯土墙同时起到维护和承重两项作用。当地人会在建筑内墙上掏壁龛（功能类似于柜子）以存放物品，相当于家具。

（2）屋顶

麻扎村降水量极少，无须考虑排水问题，故当地民居不设女儿墙和挑檐，屋顶一般为平顶。虽然所有屋顶均适应生土建筑要求而建造，但以构造方式的不同可将屋顶分为土拱顶和木密肋平顶两类。土拱房间的进深一般在5米上下，开间多在3米上下，形式可分为尖拱形、筒拱形等。在屋面拱砌筑完成后，可将屋顶拱沟的区域填平，与拱顶的高度保持一致，再抹上草泥，就可作为晒台使用，但大部分土拱房间不做任何形式的抹面处理。拱顶部位常做小面积的开口处理，以供采光通风。木密肋平顶也较为普遍，其做法是把多根直径在15厘米内的梁架于墙上，将苇席铺于木梁上，再用细泥覆盖。这种构筑方式较为简便，而且木梁可就地取材于杨树等本地速生树种。

图 4-9
木密肋平顶

图 4-10
土拱顶

在生活中，屋顶有非常重要的作用。比如，院落之间的屋角在互相连接后，使得院落空间像街巷一般得到延展，可以承载居住者更丰富的生活内容。在木密肋平顶的房屋常常建有棚架和葡萄晾房，作为居民夏季的休息场所。

（3）棚架

高棚架是将排列柱单独地设立在主体房屋的外檐部位，用于遮阳的构架，其悬空的特性，保证了既可以较好地遮阳又可以很好地通风；而棚盖通常架设在民居的庭院上方，并且要高出屋面檐部，既有只遮盖一部分的，也有遮盖全院的。另外，支持棚盖的墙体在其高出屋面的部分，要留出较多的开孔，以通风和采光。麻扎人生活的主要空间便是由棚架形成的空间。

（4）门窗

受吐鲁番干燥炎热的气候影响，麻扎村房屋的门窗及其他类型的建筑的洞口都较小，开口方式也有许多特殊之处。房屋的窗台较矮，为了应对大风天气，迎风的窗户会在最外面加固一层小木门。另外一些讲究的建筑会在大门上雕刻纹理作为装饰。

（5）葡萄晾房

葡萄晾房一般面宽数米，层高3米，只有少部分新建的葡萄晾房会用黏土砖建造。葡萄晾房除了承重构件外，几乎都是方形孔洞，这样能最大限度地满足遮阳通风的需求。葡萄晾房多建造于住房外围高敞通风处或住房的第二层。常用的砌筑葡萄晾房的土坯砖的尺寸为7×15×30（单位：厘米）。砌筑时在檐口、基柱甚至转角处砌上几道土坯，并将土培实，以便更好地承载来自屋顶的重量，并进一步增加地基承载力。另外，对于较长的晾房，应在墙体中每隔三五米，砌上一根扶壁柱，以加固墙体，其余墙面则砌带较小漏窗和孔洞的花格墙，以增加透风采光。漏窗和孔洞多为方形，通常的

图4-11
葡萄晾房

尺寸为高约 15 厘米，宽 8.5—10 厘米。晾房的屋面常是木密肋平顶结构。

3. 建筑材质

麻扎村内建筑全是黄土建筑，村子被誉为"生土建筑博物馆"。"黄黏土文化"在这里发扬光大。受当地条件的限制，麻扎村建筑主要以就地得来的卵石在较浅的基槽内修建地基，用生土搭建墙体，利用麻扎村农业生产留下的秸秆等植物的纤维和生土调和搭建屋顶。由于生土与植物纤维具有优良的性能，这两种材质建成的建筑具有保温隔热性良好的优点。结合当地实际情况，建筑无须考虑防水防涝的问题。生土为主体的建筑非常适宜当地的环境要求。

（1）卵石基底：麻扎村地下水位低，建筑基础远离水位线，不会因水位变化产生不均匀沉降，所以基底建造较为方便，只需在场地内开挖较浅深度的基槽，用就地得来的卵石在基槽内修建地基即可。

（2）生土墙面：生土墙面冬暖夏凉，这种墙体可以更好地隔热阻寒。在当地极端的气候条件下，生土搭建的墙体可以发挥最大的优势。同时墙体较厚，建筑隔音降尘的效果也极佳，非常适合当地的生活。

（3）草泥屋顶：当地生产农产品后的杂物可以用作建筑材料。天然植物纤维搭建的屋顶搭配隔热性能优良的木制构架，可强化屋顶的整体强度，有效地解决风带来的结构稳定性问题。

图 4-12
生土墙面

图 4-13
草泥屋顶

4. 建筑装饰

由于沙漠戈壁中景观色彩极其单调，所以生活在这里的居民希望家居环境与荒芜的外部环境有所不同。因此，相比于其他民族的民居，维吾尔族民居更重视室内的色彩与装饰。比如许多民居在挂毡、廊柱、石膏饰件、壁龛、天花彩画等方面具有积极的创新样式和浓郁的地区特色。部分室内饭灶彩绘颇为精致。有些室内有大二炕，占了房间近乎一半的面积，在炕上常铺有做工精细的毛毡，炕边墙壁上挂有壁毯。

（三）文化遗迹

麻扎村所处的地方是中西方文化交汇之地，由于村落保存完好，被评选为第二批中国历史文化名村之一。

当地居民的生活风俗习惯因受到多种文化的影响而产生独有的文化特色，而且干燥的气候有利于较好地保存历史遗迹，出土的人类遗迹中最早的距今已有4万年。麻扎村古代先民沿河而居，以打猎和采摘果实为生。维吾尔族的祖先早在9世纪就已经进入了西域，随着人口的增长，麻扎村逐渐演变成最早的维吾尔族聚居地之一。

麻扎村周边旅游资源丰富，主要有交河故城、大峡谷、麻扎古墓、吐峪沟千佛洞、古民居、洋海古墓群。其中大峡谷内的古代千佛洞是吐鲁番盆地较早开凿的佛窟之一。

维吾尔语中"吐峪沟"意为"封闭、走不通的山谷"。一方面，环境闭塞、气候干旱、经济条件差是麻扎村发展的不利因素，另一方面，原始的村落风貌和古老的维吾尔族习俗因此得以保留。

此外，麻扎村拥有深厚的历史文化底蕴。原国家旅游局的《旅游资源分类、调查与评价》表明，麻扎村拥有众多较高等级的旅游资源，包含1处国家级文物保护单位与1处自治区级文物保护单位。

吐峪沟千佛洞是具有佛教史研究价值的国家级文物保护单位。从晋代开始凿刻，位于沟口附近河谷两岸坡地上，有1700余年的修建历史，是吐鲁番现存高昌时期最有代表性的石窟群。它是佛教及其演化与传播的见证者及艺术的荟萃之地。

维吾尔族传统聚落中的民居一般是生土建筑，为独有的三层结构，古朴而富有地域特色，与坎儿井、葡萄并称为"吐鲁番三宝"。

建筑遗产保存了历史上的传统风貌，具有地方特色和民族风情。

（四）民风文化

麻扎村历史悠久。在长期的文化冲击和融合的过程中，它吸收了许多外来文化的精髓，沉淀下来了自己特有的传统观念和生活习俗。

诺鲁孜节，是麻扎村维吾尔族的传统节日，节日内容与春节相似。每年自3月21日起，持续3天到15天不等。维吾尔族把一天的时间分为六更，包含日出更、午时更、日落更、星现更、午夜更和黎明更。而诺鲁孜节仪式就是在节日的黎明更开始。

麻扎村人爱吃大米、面粉以及羊肉。大米主要用于做羊肉抓饭，面粉用来做拉条子、汤面片和各种花式糕点、馕、油炸馓子等。洋葱、辣椒、西红柿等是维吾尔族饮食中常用到的蔬菜。葡萄干等干果是日常零食，也是招待客人必备之物。馕、花式糕点和葡萄在古墓群中有发现，表明当地饮食文化历史悠久。

在服饰方面，男子的帽子各种各样，极具民族特色。小花帽的样式有圆形和四角形之分。结婚时候的帽子更有特点，是一种用红布绕成环形的帽子，正中间还配有一朵红绢彩花。目前，中青年男子一般身着西装或者夹克衫，而老年男子和职业人士则多穿袷袢或者西装长大衣。

女子服饰的多样性体现在样式和色彩上，不同年龄，服装具有差异。青年女子服饰以用艾德莱丝绸制作的长裙最有特色；有的头戴红色和绿色的头巾，也有的佩戴色彩艳丽的小花帽。中年女子通常头戴白色、蓝色或黑色的头巾；下身穿长裙，搭配紧身裤或者长袜；上身穿绣花坎肩、对襟毛衣或外衣。老年女子则大多数头戴白色头巾，身穿紧身长裤或长袜及碎花长裙。当地的妇女普遍喜欢穿丝绸面料的衣服，佩戴金质耳环、戒指和项链。近年来，随着麻扎村对外交往的不断增多，当地年轻女子尤其是女学生的着装逐渐变成了T恤衫和牛仔裤。总体而言，麻扎村的服饰风格与吐鲁番盆地其他地方的维吾尔族没有明显的差别。

（五）自然景观

吐峪沟大峡谷素有"天然火墙"之称，夏季温度最高时可达60℃。峡谷两侧的山色彩斑斓，轮廓清晰。峡谷底部的土壤呈黄红色，雪水从山谷中流过，在南端形成肥沃的冲积平原。黄红土壤最适合种植无核白葡萄，因此这条沟种满葡萄。大峡谷因其壮丽的自然风光，具有较高的观赏价值和生态价值。

（六）民俗非遗

该村传统的表演艺术有以下几种：

麦西来甫舞曲："麦西来甫"源自阿拉伯语，在现代维吾尔语中意为"大家聚在一起欢乐"。它是维吾尔族生活中不可或缺的传统民俗娱乐活动，将歌唱、音乐、舞蹈、游戏融为一体，广泛流传于民间，主要用在喜庆佳节、婚礼以及平时亲友欢聚等场合。

木卡姆：维吾尔族木卡姆艺术起源于民间文化，并在都府官邸等处得以发展，形成了多样性、综合性、完整性、即兴性、大众性的艺术风格，已成为维吾尔族艺术的杰出表现形式。木卡姆是大型古典音乐套曲的称谓,也是维吾尔族优秀的古典音乐。这是维吾尔族人民创作的宝贵的音乐财富,享有"东方音乐明珠"的美誉。木卡姆有各种各样的题材,复杂的节奏,丰富的曲调。它将生动的音乐形象和语言、深沉缓慢的古典朗诵歌曲、温馨欢乐的民间舞蹈音乐、流畅优美的叙事群歌糅合于一体,具有极高的艺术价值。

匹尔舞:一种具有典雅、含蓄、雄浑等风格,结合歌唱的舞蹈,是首批自治区级非物质文化遗产之一。大家先诵经,然后才开始跳舞。现在的匹尔舞保留了原始的舞蹈动作,摒弃了其他烦琐的形式。

第三节
少数民族传统村落

维吾尔族典型村落:乌鲁木齐二道桥

(一)村落概况

二道桥历史街区位于乌鲁木齐市的天山区,是乌鲁木齐的老城区。乌鲁木齐天山区位于市东南部。天山区历史上被称为"歌舞游冶之地与耕凿弦诵之乡",是集政治、文化、经济为一体的商业中心。

二道桥周围交通便利，北至宽巷，南至团结路，东临和平南路，西面是解放南路。此外，城市干道穿过街区中心，距乌鲁木齐火车南站和地窝堡机场约半小时车程。历经100多年的变迁，二道桥市场成为民族商业区的中心，以其浓郁的民族特色和地方风情吸引着中外游客，许多短暂停留在乌鲁木齐的游客都要去二道桥市场以了解新疆民族风情，可以说二道桥是新疆民族风情的一个缩影。

（二）民居建筑

1. 商业建筑

二道桥自古以来就是一个多民族的贸易场所。经过上百年的发展，它逐渐形成了规模化的大型商业街区。今日二道桥商业活动中心是团结路、解放南路、新华南路、龙泉街等围合而成的商业区，如二道桥市场、团结剧场、国际大巴扎、福乐大厦等。

现代建筑，大部分是在拆去旧房屋后建造的。新建筑风格也呈现出多元化的特征。它们中的大部分有相当大的体量，且多数在4层楼以上，主要是5—7层楼，其中一些超过了10层楼。在二道桥国际大巴扎区，建筑立面采用完美的几何图案，石膏雕刻被用于柱的底部或顶部。这些建筑风格与现代建筑相结合，传承了二道桥历史街区的民族文化，显然值得推广。为了使整个街区的建筑风格更加一体化，现代建筑的外观和其他结构的设计也适当地参考了原有风格，并利用了维吾尔族的独特装饰技术。

2. 居住建筑

二道桥街区的低层建筑大多是传统民居。旧建筑物有不同程度的破损和老化，二道桥历史街区的住宅楼主要分为传统民居区和现代住宅区。随着二道桥历史街区的不断改造，传统住宅越来越少。该街区的中心部分主要开展商业和贸易活动，因此现代住宅区大多分布在这里。

民宅是二道桥社区的基本元素，在二道桥100多年逐步发展的过程中缓慢形成。一般来说，二道桥住宅建筑在平面关系和空间组织方面仍然属于传统的庭院式。无论布局形式如何，房屋的底部大多是规则的矩形，不同房屋的深度和宽度有所不同。附近的住宅，楼外有许多柱状走廊，目的是提供良好的遮阳和夏季避暑功能，主房间和东西厢房间的阳光可以得到适当的遮挡，这样房屋得到遮阴并且可以节省用地。

街区的现代住宅区，也融入了二道桥的人文、历史、风格等元素。传统的装饰图案和装饰色彩主要用于建筑立面，并将独特的文化元素融入社区的建设过程，满足了人们的物质和精神需求。街区的传统住宅楼主要用砖红色和青灰色瓷砖，与灰色的墙面相互映衬，整齐排列，保留了二道桥历史街区的传统风格。

3. 建筑材质与色彩

根据二道桥历史街区建筑的现状调研来看，街区的南部胜利路一巷、河坝巷、新华南路和北端龙泉街、龙泉街南巷及利民巷这一区域，大多为传统民居，屋顶多采用砖红色与青灰色的瓦面，与灰色的墙面相互辉映，保持着二道桥历史街区的传统风貌。但由于年代久远，再加上缺少日常的管理与维护，许多民宅建筑有不同程度的损坏，建筑的色彩已不复往日的明亮。一些保存较好的民宅建筑，构造部件都有替换，往日的木结构窗户大多被透明的玻璃代替，建筑墙面也有不同程度的抹灰，或者采用红色、黄色、蓝色与绿色涂料进行粉刷。街区的中间地段是整个街区的中心，为了满足人们的需求，建筑的材质和色彩都融入了现代建筑的设计元素，如建筑立面用大面积的白色的瓷砖贴面，用深灰色的花岗岩进行装饰，或者以黄、红、蓝等色彩的石灰或油漆粉刷。这使得整个街区的建筑风貌出现了很大程度的不协调。所以，为了使得整个街区的建筑风貌更加融合，现代建筑的立面及其他构筑物的设计也适当借鉴与利用了维吾尔族特有的装饰手法，例如国际大巴扎的建筑立面主要采用红色的耐火砖与白色的石灰，整个建筑的窗户多采用尖拱形。同时在建造过程中，考虑到新疆地理位置、气候以及文化的特殊性，街区内大部分建筑采用的是砖木结构。

（三）文化遗迹

1. 国际大巴扎

国际大巴扎位于解放南路，是该街区人流最密集的步行街，其街道相对平坦，转折点较少。街道两侧的大型建筑物和宽度相同的街道，增强了空间的序列性。二道桥市场大门前面有一个相对宽阔

图 4-14
国际大巴扎入口处

图 4-15
国际大巴扎沿街

图 4-16
国际大巴扎地标塔

的硬质场地,为游客提供了入住和聚会的活动空间。

巴扎的建筑功能主要是提供商业贸易活动空间。大部分摊位面向人行道,琳琅满目的民族商品吸引着众多游客,让人们流连忘返。在这里,游客不仅能够品尝到特色美食,还能欣赏到维吾尔族等少数民族曼妙的舞姿。如今,二道桥国际大巴扎是新疆旅游和商业繁荣的象征,也是乌鲁木齐乃至新疆的地标性景观建筑。作为世界上大型的巴扎之一,它已成为新疆通往世界的窗口,具有民族特色,集旅游、经济、文化、贸易功能于一身。

2. 新疆民街

这条街商业旅游功能突出,它不仅是新疆的定点旅游单位,也是新疆最大的玉石交易市场,并且还是乌鲁木齐十大新景区之一和爱国主义教育基地。

图 4-17
新疆民街

（四）民俗文化

自古以来，伴随着大环境下社会经济的提升及生活方式的改进，二道桥居民不断调整、改进自己富有民族特色的生活环境，形成了与众不同的街区形态。二道桥历史街区的独特气质不仅呈现在各类物质形态上，而且还表现在通过对地形地理、气候气温的适应，从而形成的独特社会民俗活动及日常生活习惯。因此，二道桥民俗文化可以算作是整个乌鲁木齐乃至新疆的少数民族同胞传统文化和日常生活的缩影。

1. 巴扎文化

乌鲁木齐拥有悠久的巴扎历史，从二道桥到山西巷子再到南门，一路上分布着大小不一的巴扎，纺织品巴扎、旧货巴扎、地毯巴扎、手工艺巴扎等随处可见。二道桥巴扎源起清乾隆时期。新疆各地的农牧民们从四面八方赶来，把自己的畜牧产品、农产品、手工艺品运到二道桥进行出售和交换，慢慢形成了巴扎。同时，二道桥的巴扎与最早的"洋行街"密不可分。二道桥以南到三屯碑，是早些时候外国商贩在乌鲁木齐开设商行的区域。与其相邻的二道桥受到直接的影响，逐渐兴起民族商贸。辛亥革命以后，这些洋商行走向衰落，二道桥的巴扎发展了起来。

巴扎中的经营者绝大多数为居住在二道桥一带的少数民族居民，主要经销当地土特产及洋货，此外还有一些人从和田、喀什携带毯子、毡子、皮毛、干果等来此贸易。在二道桥街区的众多传统巴扎中，最繁华的是以交易手工业产品为主的育才巷巴扎和以交易油、粉、糖、纸烟、茶叶等日用百货为主的南门巴扎。这一带还能看到双庆巷的旧货巴扎、利民巷的手工艺巴扎等。这些大大小小、星罗棋布的传统巴扎，主要经营民族服饰、地毯、挂毯、新疆瓜果、特色小吃、民族医药品以及从巴基斯坦、土耳其等国进口的商品。同时，国际大巴扎、新疆民街、二道桥市场等具有现代特色的巴扎里，除了传统民族商品外，还有江、浙、鲁等地甚至国外的商品。这些商品大量进入二道桥巴扎，使其成为当地居民向外探视的窗户，成为一个吸纳了多元文化的平台，正是这些多元文化大大增强了二道桥巴扎的文化异质性。

2. 民俗风情

二道桥历史街区有着丰富的民俗活动，它们是历史发展的见证，体现了此地区人们的聪明才智和伟大创造力。二道桥的少数民族歌舞艺术璀璨夺目，最有代表性的《十二木卡姆》是集古典叙诵歌曲、民间叙事组歌、舞蹈乐曲于一体的民族音乐大型套曲，享誉世界。更有"萨玛舞""赛乃姆舞""多朗舞"等风格各异的民间舞蹈。民族乐器更是独具特色，既继承了古代西域乐器的特色，又受到内地和国外乐器的影响。特色乐器如艾捷克、都塔尔、热瓦普、弹布尔等，音质、制作工艺、造型都别具一格。其中一些传统音乐、舞蹈、话剧等被列入了非物质文化遗产。现在一般来说，只有在一些高档的宴会厅才会有专门的特色民族歌舞展示，而且时间不固定，场次也较少，这并不利于少数民族歌舞艺术的发展。而另外一些民间娱乐歌舞，虽然群众基础牢固，但不成规模，推广度差。如麦西来甫集歌唱、音乐、舞蹈、游戏于一体，虽然是具有很大吸引力的民俗文化活动，但它历来没有固定的时间、地点和演出形式，所以难以形成规模和体现保护的价值。

3. 红色文化

乌鲁木齐作为抗战时期中国共产党领导新疆民众抗日救国的根据地，也是 20 世纪初期国内与红色苏联连接的重要中转站，拥有厚重的红色历史文化。1938 年，"八路军驻新疆办事处"正式迁入二道桥的胜利路。"八路军驻新疆办事处"是中国共产党在新疆的办事机构，在新疆的三任党代表陈云、邓发和陈潭秋都先后于此主持工作，同时此处又作为招待所，接待来往于延安、苏联途中的工作人员，如周恩来、任弼时、王稼祥等同志。二道桥独特的红色文化增强了各族人民特别是青少年的爱国主义情感，对继承革命传统、弘扬革命精神有着深刻的意义，培育了民族团结的精神。

第五章

Chinese Traditional Villages

中国传统村落文化抢救与研究
文化区系列

西北传统村落的保护与活化

第一节
西北典型传统村落生存发展趋势

一、甘肃传统村落生存发展趋势

（一）河西走廊荒漠绿洲区

1. 绿洲灌溉农业村落

高台县罗城乡天城村历史文化悠久，有较多的物质和非物质文化遗产，2016年，被列入第四批中国传统村落名录，成为张掖市唯一入选第四批中国传统村落名录的村落。目前，天城村以农业经济为主，发展制种蔬菜；旅游业还未形成规模。为开发乡村旅游业，2014年甘肃省投资371.5万元，村民自筹资金28.5万元，硬化了从天城村到正义峡的道路，极大地方便了外地游客和村民出行。

2. 荒漠草原农牧村落

石板墩村目前在进行少数民族特色村寨建设，这是一项长期性工作，现阶段还未见效，在旅游资源、游客数量、知名度和辅助产业方面都稍显落后。该村可以依托蒙古族传统文化，与民族旅游开发结合起来，因地制宜，打造成一个以"民族风情为特点、沙漠风光为亮点"的特色村寨。

（二）黄土高原沟壑区

1. 河谷川道农业村落

青城镇旅游开发十年有余，沿街全是铺面，开张不足一半。游客数量随季节变化太大，冬季无法维持，夏季无力接待。客源主要来自兰州、白银，因当地无力接待住宿，都是一日往返。景区外围开发了农家乐，经营的多是餐饮棋牌，床位不过百十。旅游产品开发不足，硬菜只有一道"酸烂肉"，特产只有干面、老醋。该地已成立了旅游公司，景点通票每人每次30元，淡季（每年11月1日至次年3月31日）门票免费。主要景点有青城书院、城隍庙、碑林、高家大院、罗家大院。民俗表演还没有开发，传统活动仍在衰落中。旅游经济能维持约60人的生计，店铺只有周末才有生意。

2. 黄土塬坡农业村落

为全面提升对罗川古城的保护力度，镇、村指派专门人员对赵氏牌坊、清铁旗杆、文庙大殿等文物古迹实施了保护检测。2010年投资400多万元，对名有所传的泰山、唐台等文化遗址进行了修缮，建成唐台"龙凤晒烟"景观、观光亭、碑廊、停车场等；活动室新建六角亭1个、碑廊7间。于2010年建成唐台生态农业旅游节，目前已对游客开放。2011年10月，编制完成了《罗川古城旅游区总体规划》，规划总体布局为"一轴两带四山九区"。

目前，罗川古城各项配套设施都还不完善，宅前道路还未全部硬化，古城地区商业不发达，经营活动多与民俗文化无关，特色项目缺乏，也缺乏具有民俗品牌号召力的商家。周围游客基本上都是来参加庙会活动的，其余时间为旅游的空档期，且当地不提供住宿，游客都是一日往返，餐饮商户数量很少。景点免费，主要有赵氏牌坊、清铁旗杆、赵氏祠堂、文庙大殿、唐台、古民居等，但许多古民居已被翻盖，当地还未对古民居采取保护措施，传统民俗活动也在衰落。罗川古城旅游开发尚处于初级阶段。

（三）青藏高原边缘农牧交错区

1. 陇南山地传统村落

传统村落保护工作开展以来，哈南村整合各方面资源，加强基础设施建设，完善旅游服务配套设施，大力保护古村落文化，弘扬传统民俗文化，发展乡村旅游和相关富民产业，取得了一定成绩，大量的历史遗迹和古建筑得到了有效的保护和开发。按照陇南市委提出的"有利于保护文化遗产、有利于方便群众、有利于发展产业"的要求，当地政府利用危房改造和古村落保护契机，邀请有专业资质的单位，制定出台了《哈南村传统村落保护规划编制任务书》。按照修旧如旧和最小干预的原则，在尊重村民意愿的前提下合理规划，对当地古建筑，如古楼、寺庙、祠堂等进行抢救性的保护和整体原貌维修，并在保持村落原有风貌的基础上，对街道、门楼、民居进行修缮和改造，以多样化途径留住活态古村落。

2. 土司文化传统村落

近年来，国家重视传统村落的文化传承，连城村着重于旅游业发展建设，政府补贴中增加古民居修缮补贴，带动文化景区周边餐饮业发展，周围居民（尤其指经营饭馆等特色副业的居民）在旅游旺季增加了副业收入。连城村的旅游业发展起步较晚，而且旅游就业岗位较少，因此不是连城村主要的产业。连城旅游产业发展基于土司文化，有鲁土司衙门旧址、显教寺、雷坛、圣地妙因寺等古迹，附近有吐鲁沟森林公园、石屏山等自然风景区，具有良好的人文、自然资源发展潜力。

秦朝时期连城镇属匈奴聚落，自汉武帝元鼎二年（前115），汉筑令居塞，由此便形成了多汉族、少藏族的人口格局。明初，元宗室脱欢率部投诚，被安置在连城。明永乐元年七月，脱欢的儿子巩卜世杰奉旨进京，八月升庄浪卫百户，这就是鲁土司文化的源头。脱欢的孙子失伽以军功升土司都指挥使，被赐姓鲁，并世袭鲁土司。自明初至民国二十一年（1932）"改土归流"，鲁土司家族一直统治连城一带。

因为集中生活的方式，土司文化得以保留下来。通过调研人员的访谈得知，老年人对土司文化以及当地历史有较深的了解，中青年人只对遗迹有概念性认知。旅游业在一定程度上使得当地居民认识到古建筑、古遗迹的历史文化价值，并在经济上带动了小部分居民的副业发展。

（四）少数民族传统村落

1. 裕固族传统村落

近20年来，中共大草滩村党支部和村民委员会坚持以科学发展观为指导，因地制宜，发挥红色旅游的优势，发展宗教体验旅游产业，制订切实可行的发展计划，致力于把大草滩村建设成以红色旅游为主、宗教体验旅游为辅的旅游特色村。经过几年的发展，村内生产生活基础条件及公共服务基础建设得到了较大的改善，村风文明、村民团结和睦，新农村建设效果显著。

2. 东乡族传统村落

随着 2014 年被国家民族事务委员会确定为首批少数民族特色村寨之一，韩则岭村逐渐走进人们的视野，受到关注，但特色村寨旅游开发处于起步阶段，发展迟缓。人们已经初步形成了保护文物、村落和民俗文化的意识，并积极进行旅游规划开发，寻找促进经济增长的新方式。近年来，人们对传统村落的保护意识逐渐增强，国家相关政策支持力度的增大都为传统村落的保护带来福音。

二、宁夏传统村落生存发展趋势

农耕与游牧相交汇的历史，形成了宁夏地区丰富的传统村落文化。不同的地形、地貌特征为传统村落营造了不同的生存环境。截至 2019 年 7 月，宁夏地区共有 11 个村镇列入全国特色景观旅游名镇名村，28 个镇被列入全国重点镇，7 个镇被列入全国特色小镇，1 个村被列入中国历史文化名村，6 个村被列入中国传统村落名录（详见表 5-1）。

表 5-1　宁夏地区特色村镇列表

中国传统村落名录	备注
固原市隆德县城关镇红崖村一组	第一批中国传统村落名录
固原市隆德县奠安乡梁堡村一组	
中卫市沙坡头区迎水桥镇北长滩村	
中卫市沙坡头区香山乡南长滩村	

续表

中国传统村落名录	备注
吴忠市利通区东塔寺乡石佛寺村	第四批中国传统村落名录
固原市彭阳县城阳乡长城村乔区组	第五批中国传统村落名录
全国特色小镇名单	
银川市西夏区镇北堡镇	第一批全国特色小镇名单
固原市泾源县泾河源镇	
银川市兴庆区掌政镇	第二批全国特色小镇名单
银川市永宁县闽宁镇	
吴忠市利通区金银滩镇	
石嘴山市惠农区红果子镇	
吴忠市同心县韦州镇	
中国历史文化名村	
中卫市沙坡头区香山乡南长滩村	第四批中国历史文化名村
全国特色景观旅游名镇名村	
银川市兴庆区掌政镇	第三批全国特色景观旅游名镇名村
银川市西夏区镇北堡镇	
吴忠市青铜峡市青铜峡镇	
吴忠市青铜峡市峡口镇	
固原市泾源县泾河源镇	
固原市泾源县六盘山镇	
中卫市沙坡头区迎水桥镇	
吴忠市利通区东塔寺乡穆民新村	
固原市隆德县城关镇杨店村	
中卫市沙坡头区迎水桥镇北长滩村	
中卫市沙坡头区香山乡南长滩村	

从表5-1中可以看到，宁夏地区的传统村落收录进中国传统村落名录中的只有6个。对于名录中的传统村落，它们是幸运的，但对于很多未被纳入名录中的传统村落，它们可能会因为失去了一次被保护的机会而悄无声息地消逝。

据《2018年宁夏统计年鉴》相关数据显示，自2000年以来，宁夏地区的城镇化率呈现上升趋势，城镇化率已由2000年的32.54%，上升至2017年的57.98%。随着城镇化的推进，宁夏地区传统村落的生存面临巨大挑战。城市空间的演化对乡村聚落空间具有一定的影响，尤其是临近城镇的传统村落，更容易被迁并整合。

自2008年以来，宁夏开展了"重点小城镇建设""塞上农民新居"等项目，对很多的传统村落进行了"一村一品质，一村一特色"的开发，并对很多居民的危房进行了改造。大部分的传统村落随着社会、时代的发展，其房屋建筑、屋内的陈设，人们的生活方式都发生了或多或少的改变。许多村民在城镇化、新农村等政策的推动下，对人居环境的改善具有较强的意愿，这使得传统村落的历史文化肌理等要素容易被淹没在新农村建设中，曾经的土木结构房屋、土院墙以及传统的村落布局等都面临逐渐被砖瓦房、混凝土结构房屋替代甚至是直接被废弃的局面，传统村落中的建筑有的已经被楼房、别墅代替了，有的村落民居建筑已经趋于统一。随着社会的发展，很多处于交通要道的村子逐渐得到了改造与发展，闭塞偏僻的小村落在移民等惠民政策的推动下，正在悄无声息地消逝。

相对我国其他省份，宁夏对传统村落的保护起步较晚。目前，宁夏地区传统村落的生存状况优劣不一，尤其是宁夏生态移民政策的实施，使传统村落的发展受到不同程度的冲击。许多传统村落的村民开始从交通、地理条件较差的地区移民到整一化、规范化的新农村。同时，生活在传统村落里的村民，由于受教育文化等条件的限制，他们并没有意识到传统村落保护的重要性，有的传统村落的原有资源遭到了破坏，使得村落失去了原有的特色。随着社会经济的发展，很多年轻一代的村民因外出务工、求学而不愿意留在村中，

第五章 | 西北传统村落的保护与活化

各地普遍面临"空心村"的问题。"空心村"的出现使很多传统村落的民居建筑长久缺乏维护和修葺。随着村庄的整体搬移，有的传统村落甚至成为荒村。如隆德县山河乡的崇安村。这个村子的村民响应移民政策，搬离了原来的地区，原来的崇安村深藏在六盘山之中，只有一间间传统的土坯房，破旧的门窗诉说着它的历史。有的传统村落因位于文物保护地带而不得不迁移，从而失去了传统村落的原有风貌。如原位于贺兰山东麓贺兰县洪广镇的金山村。此村只有十几户人家，村里只有范、张、余、李4个姓氏，保留了淳朴的风格，保存着很多古代的婚庆、祭祀、狩猎等仪式，并且流传有很多与岩画相关的美丽传说；但政府出于对贺兰山岩画的保护，不得不将村民迁移到201省道路边。

与此同时，有的村落也能够保持较为完整的文化、生态资源，如南长滩村；有的村落整体有了很大的改观而保留了部分文化特征，

图 5-1
荒废的传统
民居院落
（一）

图 5-2
荒废的传统民居院落（二）

如回族印象村。有些村子在全域旅游的浪潮下，依靠旅游的发展引起了外界的关注并得以发展，但是这种发展途径往往都有利有弊，参与旅游经济活动的居民往往只看到了旅游带来的经济收益，或是只注重旅游开发，而忽视了对传统村落文化的传承与保护。

三、新疆传统村落生存发展趋势

（一）沙漠绿洲农业文化区：喀什农业村落

古城是历史文化在实际生活中的实物体现，具有文化可读性和旅游可参与性的双重优势，但同时存在难以逆转的现代化趋势。将古城旅游产业发展提升至城市职能层面，可以发扬自身文化底蕴，并且以此为基础寻求一条持续有效的发展之路。然而这项更新工作是关系到文化、资源、市场等多重因素的庞杂系统，需要客观地把握目标定位、方向以顺应旅游市场需求，有序地组织规划编制工作以整合重塑旅游资源，全面地制定管理法规以规范各个阶段的改造更新行为，灵活地把控经营策略以维持古城的活性。

改革开放后，我国经济迅猛发展，民众的生活水平提高，消费观念也逐渐改变，使得旅游业迅速发展为一项重要产业。虽然我国拥有135座国家级历史文化名城，但这些年来人们在如何维护、保护古城方面发生了很多争执，如何处理古城内的拆迁问题、如何修复古城内的损坏之处、如何保证古城破损建筑的安全问题等，成为古城在旅游发展中亟须解决的难题。另外，我国的古城大多拥有独特的文化内涵，然而在将这些历史文化、物产资源转换为旅游产品的过程中存在很多缺陷，导致古城开发、利用程度不高，不能将当地的独有特色完美地表现出来，以致特色不够鲜明，对游客没有足够的吸引力，这是古城旅游开发所面对的更深层次的问题。

对喀什古城而言，未来发展中将旅游业发展为支柱产业是一项至关重要的工作。这里的历史文化资源十分丰富，如何保护古城现有资源，使之在流传的同时发挥最大价值是一个需要思考的问题。

对于喀什古城的保护，应以"保护为主，更新为辅"为核心理念：以保护喀什古城的整体风貌为宗旨，使喀什古城的整体风貌、街巷体系、建筑布局等通过保护得以在现代化文明的冲击下流传下去；对古城内遭到破坏、存在不合理之处的区域和不适宜现代人类使用的地方进行更新、修复，在还原喀什古城历史风貌、流传地方文化底蕴和保持民居特色的同时，提升当地居民的安全指数、幸福指数——最终营造现代化生活与历史风貌并存的喀什古城，提升当地的吸引力，让文化产业和旅游产业越来越兴盛，走可持续发展之路。

（二）盆地农耕文化区：吐鲁番农业村落

麻扎村因其悠久的演变历史和典型的乡土聚落风格，于2005年9月被选入中国第二批历史文化名村。它成为新疆第一个被选为国家级历史文化名村的古村落。2012年12月，它入选第一批中国传统村落名录。国家历史文化名村的认定客观上肯定了麻扎村的历史文化价值，也为麻扎村带来了旅游收入。其后，一系列与旅游业相匹配的建设活动逐步启动，影响了麻扎村的原始形态。麻扎村的旅游资源不仅丰富多样，而且质量上乘。因此，打造好自己的旅游品牌，是麻扎村旅游业可持续发展的关键。

（三）少数民族文化区：乌鲁木齐二道桥

二道桥街区也面临着新旧建筑物风格未统一、不和谐的难题。应以保护为主题，保护二道桥街区内的历史文化遗产和传统街道格局的历史特色，融合街区景观特色和风格，营造高品质、富文化内涵的住宅特色、商业环境。同时走动态保护与有机更新相结合的道路，探索适当的保护和合理再利用的方式。政府、企业和私营部门应共同努力，对文化遗产进行再开发，发展该地区的文化产业和旅游业，走可持续发展的道路，这是历史街区物质保护和人文保护的有效途径。2005年，二道桥被授予"中国特色商业街"称号，它对确立新疆地区民族特色城市的文化内涵起到了至关重要的作用。

第二节
传统村落保护面临的主要问题

一、甘肃传统村落保护面临的主要问题

（一）河西走廊荒漠绿洲区

1. 绿洲灌溉农业村落

天城村的问题一是自然灾害频发，环境恶劣。秋旱和七八月份的山洪水灾对农业发展的影响巨大。二是文化遗迹减少。天城村历史悠久，文化遗产繁多，但流失相当严重，大部分已不复存在。像哨马营、镇夷城、天城桥、梳妆桥、高炮台、衙署、察院、演武厅等古遗迹的名称仍为当地人所熟知，但这些遗迹有的荡然无存，有的仅剩下一堆黄土，给后人留下无尽的遐想与遗憾。而一些传统民俗、口传历史也仅在老一辈人中流传。

2. 荒漠草原农牧村落

石板墩村受地理位置、交通条件、基础设施等因素影响，产业规模小、层次低，结构调整和牧民增收难度大，经济发展相对滞后。大量有历史、文化价值的珍贵实物与资料亟待保护和传承，部分非生产性非遗项目，特别是特殊人群或以家庭进行传承的项目后继乏人，保护工作机制尚不完善，尚未形成一支稳定的专业保护队伍。荒漠中天气变化很大，交通不便，无成熟的旅游线路，游客出行方

式多为自驾游，导致旅游业发展滞后。

（二）黄土高原沟壑区

1. 河谷川道农业村落

青城镇城河村在发展方面有几大劣势。一是基础设施建设薄弱，交通通达性差，离省会城市兰州距离较远。二是原本建设用地就不足，还要保护古镇的整体风貌，这进一步加剧了建设用地的不足，使当地的发展受到制约。三是缺少资金，招商引进的资金只够建设基础设施，无法顾及其他方面。四是缺乏管理经验，缺少旅游开发、园林景观、古建筑维护等方面的专业人才。五是居民保护传统村落的意识比较薄弱，更倾向于自建或翻新住房。

2. 黄土塬坡农业村落

罗川古城资源保护严重滞后，古城风貌遭到一定破坏，需要进行大量的整修工作。古城地貌复杂，有峡谷、平地、山坡、河流洼地等类型，为基础设施的建设和规划带来挑战。

古城传统窑洞正面临被彻底放弃的危险。许多居民在生活水平提高后开始弃窑建房，甚至把弃窑建房看成是脱贫致富的标志，窑洞废弃现象十分普遍。同时，对建设于明清时代的古民居未采取任何保护措施，许多古民居已经成为摆放杂物的危房，面临拆迁。

罗川古城正努力发展旅游业，但居民对旅游业认识不清，发展旅游信心不足，须进一步加强宣传力度，动员全村人共同建设独具特色的罗川古城。同时，古城建筑分布零散，商业街区不发达，缺乏与历史对应的建筑符号、特色产品、街巷空间、聚落形态等旅游载体。古城旅游业的繁荣必须跳出纯观光的老路,须深入挖掘古城的文化内涵和独特之处,探索一条真正符合罗川古城历史文化、自然资源、区位条件的旅游发展之路。

(三)青藏高原边缘农牧交错区

1. 陇南山地传统村落

哈南村存在的问题有:

(1)村民的保护意识、价值观问题。自然与人为的许多因素,造成部分老屋损毁、老化,家庭人口的增加等因素使得村民更热衷于建造宽敞明亮的新屋而不屑于对老屋做修修补补。一些老屋被废弃闲置,甚至变成仓库。如,建于嘉庆年间的郭家宅,由于闲置,破损严重;建于清末的左家宅,现为堆放柴草的仓库,安全隐患极为严重。受价值观的影响,村民对古建筑漠视,很少主动采取措施加以保护,致使现存的6座古楼只有2座保存较好,其他或被局部改造,或损毁严重,或被蚕食。西京观抱厦由于渗漏,西、北面壁画已完全脱落,损毁殆尽,令人心痛。

(2)资金投入问题。按照现行文物保护专项资金使用政策,专项资金不能补贴产权属于私人的文物,这就使一些有价值且亟待维修的民居由于房主缺乏经济能力,又不能获得国家的资金补贴而无法得到及时保护。以文保单位来说,国家对于县市级文物的维修几乎不投入资金,即使业务部门尽力争取,其申报程序也极其烦琐,结果事倍功半,而地方政府财力投入亦只是杯水车薪,致使有时出现眼看着文物损毁也只能干着急的尴尬局面。

(3)无序改建与产权问题。由于认识狭窄,眼光短浅,2009

年之后，有 30 余户拥有传统风貌的民居被拆除，建成砖混结构的楼房，整个村落新旧混杂，不伦不类。在整修街道时，不仅将原有街面铺成水泥路面，而且拆除了部分城墙，又改变了原有整体布局。

2. 土司文化传统村落

因传统村落保护和古建筑保护，古镇对挂牌的古民居严格禁止居民私自翻新，这与居民的利益相冲突——他们更想住新房子，导致居民对古民居的保护热情不大。

目前连城村有清代、民国传统民居 22 处，年久失修，加之周边街道抬升，排水不畅，造成严重侵蚀，给住户带来极大不便，亟须维修。

目前对村落的保护主要还是对古民居和古建筑的保护，缺乏对古树名木的保护。同时，对非物质文化遗产保护的力度也还不够。

保护区内基础服务设施建设还不到位，需要建设垃圾填埋场和环境卫生保洁机构，还需要修建旅客服务处、停车场、文体广场等。

此外，缺少资金，招商引进的资金只够用于基础设施建设，无法顾及其他方面。

同时，缺乏旅游管理方面的专业人才，相关从业人员较少。

（四）少数民族传统村落

1. 裕固族传统村落

大草滩村存在的问题有：

（1）草场退化、生物多样性减少。近几年由于气候干旱、超载放牧、盲目开垦以及虫鼠危害等，大草滩村的生态环境日益恶化，草场面积日益缩小，草场的生产潜能在草原退化和超负荷承载中一点点消减。此外，大草滩村以畜牧业经济为中心，给自然资源、环境和生物多样性保护带来了巨大的压力。

（2）裕固语的消失。从裕固语的全局看，西部比东部消失得快，城镇比牧区消失得快，在年轻人中比在老年人中消失得快。在大草滩村，裕固语的消失主要表现在年轻人中。据调查，如果不采取特殊措施，而对裕固语像过去那样听其自然，自生自灭，那么，再过50—70年，也许就是现在这几代人离世后，裕固语将彻底消失。

（3）交通不便。大草滩村位于地势较高的多山地区，山路路面较窄且弯道多，一遇恶劣天气，就会给裕固族村民的出行带来极大的不便。

2. 东乡族传统村落

韩则岭村对于分散的古民居目前没有任何保护措施，存在的问题有保护责任人不够明确，缺乏资金支持等，禁止拆毁不是最有效的保护方法。韩则岭村现规划以《古兰经》珍藏馆为中心，打造集刺绣、餐饮、特色民居于一体的东乡族民俗村的工作才刚起步，与旅游相关的餐饮、农家乐、纪念品等的开发还没开始实施；另外，缺乏特色鲜明的旅游资源，目前没有形成旅游产业，打造民俗村任重道远。

二、宁夏传统村落保护面临的主要问题

宁夏传统村落保护工作从整体而言存在的突出问题有三个。一是传统建筑技术、材料得不到有效传承。主要原因是富裕起来的村民在修建新居过程中表现出随意性,或者模仿城市的建筑样式,或者模仿国外的建筑风格,舍弃了自己的村落传统。传统村落的建筑文化被放弃,新材料的不断出现与替代使房屋的建造呈现简易性、趋同性,传统工匠(木匠、石匠、铁匠)几近消失,砖块、水泥取代传统建筑材料,精通木雕、砖雕、石雕等传统手艺的艺人日渐稀少,是村落出现"千房一面""千村一面"的深层原因。二是传统村落乡土建筑处于老龄化、空巢化的"自然性颓废"状态。传统村落大多年代久远,散落在相对偏僻、贫困落后的地区,破败严重。除了极少数传统村落被列为历史文化名村等得到较好保护外,大多数传统村落仍"散落乡间无人识、无钱修",处于自生自灭的状态,得不到有效保护。再加上近年来大量农村人口进城务工,不少传统村落逐渐老龄化、空巢化,甚至出现"空心村"。许多古村落居住率不高。以砖木结构为主的古建筑,采光和通风性能较差,长期闲置,易遭受雨水、白蚁等侵蚀,自然损毁和老化现象十分严重,火灾、倒塌等安全隐患不容忽视。三是地方财政对传统村落保护投入严重不足。长期以来,各级财政用于文化遗产保护的资金主要投在城区文化遗产,"欠债"于农村传统村落,造成众多传统村落乡土建筑缺乏保护经费而得不到保护和修缮。近年来,虽然各地对文化遗产的保护越来越重视,专项经费也逐年增多,但对面广量大的传统村落来说仍是杯水车薪。

三、新疆传统村落保护面临的主要问题

（一）沙漠绿洲农业文化区：喀什农业村落

随着现代化、都市化的进程越来越迅速，喀什古城无法孤立存在，在很多方面受到了程度不一的影响。喀什古城坐落在喀什市的核心区域，在城市发展过程中，居民追求都市生活，对于房屋内部装饰、外部轮廓等进行调整及改建，古城内设施物品的选取以及街道整体格局发生改变，再加上城市建设对其轮廓进行一定的变动，致使喀什古城的整体风貌受到影响。

1. 街巷狭窄，难以适应现代生活

喀什古城中的巷道狭窄，宽度不足，大部分为2—4米，并且巷道蜿蜒曲折，狭长交错，对居民生活造成很多不便，不能满足现代人类的生活需求；另外，巷道两侧的院落墙体基本为素土筑成，发生倾斜时仅仅简单地用木材支撑；过街楼建造时主要使用土木结构并简单搭建，承载力不足，如若发生意外灾害，如地震、火灾等，它们会堵塞疏散通道甚至造成二次灾害，存在明显的安全隐患。

2. 建筑结构不够牢固，密度过大

喀什古城内很多建筑特别是民居建成年代久远，主要使用土木结构，相对不够牢固，且生活设施落后，有潜在的安全隐患；在最初建设时，没有统一的规划与安排，都是居民自行建设，所以建筑格局较为混乱，部分区域建筑密度过大，影响居民的日常生活。

3. 现代文明与传统文明相互冲击，非物质文化遗产流失

随着社会的进步与发展，文化更新速度越来越快，人们将眼球停留在新文化上，对于传统文化不重视甚至遗忘，致使民间的一些手工艺制作手法、表演艺术等传统文化走向没落，很多非物质文化遗产流失，这类问题在喀什乃至全国都十分普遍。

（二）盆地农耕文化区：吐鲁番农业村落

麻扎村的基本公共服务设施和旅游接待设施已经建成并投入使用，但旅游市场尚未完全启动。一些村民搬入麻扎村的新房子，旧房子因失修而严重受损。

当前，怎样更好地保护和更新麻扎村的风貌以及将新的旅游设施与传统住宅建筑融为一体是亟须解决的问题。

在旅游业迅猛发展的态势下，古村落越来越多地被当作观光景点。古村的文化内涵正在逐渐消失，大量具有历史价值的建筑不能得到应有的保护，古老村落的空间特色正在逐渐消逝。各种不合理现象的产生导致麻扎村在文化、街巷、景观等方面产生诸多问题。

1. 文化和人口的流失

麻扎村内的传统文化正在逐渐流失，具有艺术价值的物品被商业化，对传统民居风貌关注度不够，街巷遭到破坏，正在失去古村落应有的气息。随着旅游业的发展，强烈的商业氛围冲击着古村落，麻扎村内传统民俗活动开展氛围越来越淡，当地居民对传统文化都不甚了解。随着麻扎村南部现代村落的形成，古村落居民逐渐外迁，常住人口逐年减少。壮年男子外出务工，仅在旅游旺季回村，留下

妇女儿童留守村庄。久而久之，麻扎村特色文化风貌将逐渐消失在人们的视野中。

2. 传统建筑的破坏

麻扎村内现留有废弃的建筑和各种任意搭建的葡萄晾房，原有建筑的内部空间使用率不够，基础设施不完善。麻扎村当地的经济状况不佳，供电线缆、通信系统搭建不完善导致村内各种基础设施供应不足。部分村民自行搭建的散热器、接收天线等影响了村落整体形象。在具有文物保护价值的古村落民居中零星分散着各种现代化墙面装饰，极大地破坏了原有村落的视觉统一性，给古村落的保护和改造带来一定的困难。

3. 城际交通的缺失

麻扎村形成时间较早，交通系统建设不完善。受公共交通可达性低的限制，麻扎村每年的游客数量远低于交河故城。由于游客进出景点车辆数量的增长，道路系统已经不能满足对外交通的需求。随着自驾游的人越来越多，与之对应的基础设施不匹配，村落内部道路交通安全管理不能满足当下要求，交通需求和道路建设矛盾日益突出。

4. 村落景观资源匮乏

因用地资源限制，村落被大量建筑占据，剩下空间被道路分割，整个场地内几乎无广场类开敞空间。游客穿行其中感到拥挤，旅游整体舒适度不高。麻扎村内部景观资源规划不合理，没有足够且持续的景观资源带动游客观赏，游客游览兴致不高。长此以往会

图 5-3
麻扎村村落景观
资源匮乏（一）

图 5-4
麻扎村村落景观
资源匮乏（二）

导致景点整体旅游舒适度差，游客到访量持续减少。

（三）少数民族文化区：乌鲁木齐二道桥

在迅猛的都市化浪潮中，古老城市和新兴城市的空间特色正在逐渐消逝，千篇一律的开发区、方格网式道路设计，忽略了地理条件、地域传统和文化精神的差异。一些古街镇和历史街区的改造面临着一定的问题。同样，乌鲁木齐二道桥街区也在时代的大潮中面临着改造更新的命运。但是，由于二道桥特殊的地理位置和其他因素，二道桥的更新与保护存在一定的问题。基础设施跟不上新时代的节奏，人口的增长给环境带来压力，街区绿化面积愈减愈少，二道桥日积月累的问题逐渐显露出来。

1. 建筑风貌不够协调

二道桥街区已有百余年的历史，街区中部地段商业大厦零散无序，使得整个街区建筑的高度缺乏层次感，往日街区内完美的天际线已不复存在。另外，街区内建筑的乱改现象十分严重。在部分传统民居区域内，原先设计的建筑内部空间早已不能满足现在居民生活的需求，人们追求的是更为舒适、便捷的生活方式，所以在建筑内部，很多承重的墙壁被拆除，扩充室内客厅空间，或者建造一个小型的厨房、卫生间等。在建筑的立面上，许多原先木质的门窗也早已被居民抛弃，代替的是铝合金、塑钢或者钢结构的门窗，造型五花八门，颜色各异，与整个街区的传统风貌严重失调。还有部分居民不满意建筑外层的装饰，随意重新粉刷，给建筑的美观带来了很大的影响。街区内的很多建筑破坏比较严重，有些建筑已经不能够延续建筑的使用功能，但未能及时拆除。此外，沿街的建筑也过多地建在一起，使得道路空间变得十分狭窄，给交通带来很大的不便和隐患。

2. 交通不够合理

乌鲁木齐的汽车人均拥有量逐年增加，加上修建高架桥和地铁等工程，造成很多路段拥堵，二道桥街区经常出现交通拥挤的现象。二道桥街区的日均人流量可达 10 万人次，主要来源不但有当地居民和国内外的观光旅游者，还有周边国家的商贸集散人员等。街区形成时间较早，随着现在人口、汽车数量的增长，现在的道路已经不足以满足交通的需求，过于狭窄的道路在交通高峰和旅游高峰时常出现堵塞。停车位不足，车辆随意停放，甚至停在人行道上，给行人带来不便。虽然大巴扎与二道桥市场只隔着解放南路，但是在此处没有设置人行道，使得游客从二道桥市场到大巴扎要绕远路。有些游客为了减少路程，节约时间，便翻越路中间的护栏，这样不仅游人安全得不到保障，同时也影响解放南路的交通。

3. 街区景观资源缺乏

街区的建筑物过于密集，宽宽窄窄的街道，几乎无广场类的开敞空间，绿化面积过少。团结花园有一定的绿化设计，但是缺少修理打扫，而且过多的商业化利用，使其景观效果较差，失去了其本来的存在价值。还有，在国际大巴扎开放空间内，道路硬化面积过多，缺少相应的园林设计，炎热的夏天找不到乘凉的去处。二道桥的道路绿化和宅间绿化过于简单，植物色调单一，缺少合理的设计和人性化的考虑。例如，解放南路和胜利路等街区主要道路仅仅是种植了一排行道树，景观效果差，形象单一，使得街区整体景观风貌不突出。还有的街巷根本没有进行绿化。

4. 传统文化逐渐丧失

随着时代和经济的发展，强烈的商业气息冲击着中国社会，二道桥也没能例外。街区内传统民俗活动的氛围越来越淡，以至于越来越多的当地年轻人对本民族的特色传统民俗陌生，久而久之，一些独具特色的民俗活动将会渐渐消失在人们的视野中。而且由于文化的多元发展，越来越多的新文化出现在人们生活中，使得传统民俗文化占比越来越少。同时，传统文化产生和传承的活动空间，民俗活动进行和展示的必要场所在这种大环境下，也受到了商业大厦、住宅小区等严重的挤压。还有就是，二道桥街区内一些不法经营活动，破坏了街区正常的经营秩序，使街区内富有特色的传统店铺和一些老字号店铺受到冲击。除此之外，二道桥街区在进行开发利用时过于注重商业目的，而忽视了传统文化，将一些传统文化项目彻底地商业化、市场化，失去了其本身的味道。

第三节 典型传统村落活化概述

一、甘肃传统村落活化现状

(一) 河西走廊荒漠绿洲区

1. 绿洲灌溉农业村落

乡村医生罗喜，从弘扬天城历史文化、记录天城当代盛事出发，从1995年开始，至1999年10月，编写出了一部18章39节22万字的志书《天城志》。书中记述了天城从明代开始，历经600

余年，曾经煊赫四方的沧桑历史，展现了合黎南麓、黑河水滨天城的独特风貌和优美的自然环境。志中竖陈历史，横叙百科，略古详今地记述了天城的自然地理、建置沿革、兵防要塞、文化教育、生产生活、民情风俗等方面的历史与现状。内容全面，文字流畅，对欲了解、研究天城的人有一定的参考价值。

天城教育事业历史悠久，最远可追溯至明成化五年（1469）创办社学。社学设于仙祖庙内，学习冠、婚、丧、祭之礼及经史历算。现今，天城村各级领导十分重视学校教育，自2007年至2013年，村里先后投资15万元，

图5-5 天城村文化广场

修建透视围墙 160 米，栽种柳树 100 棵，修建库房 2 间，硬化学校文化广场 2500 平方米，为学生教室架设 16 台壁扇，购置 1 台打印机，使学校设施逐步完善。学校积极发动学生家长拉运沙石，整垫校园 1300 平方米，师生共建绿化带 1325 平方米，使校园整体面貌有了改观。2007 年 8 月，为贯彻义务教育九年一贯制改革精神，五年制小学改为六年制小学。

天城在历史上就有一个"镇夷戏班"和秧歌社火队，每到冬闲或逢年过节都要演出。为了更好地把这种百姓喜闻乐见的文艺活动传承下去，2007 年，村里自筹资金 29 万元修建文化广场，竣工后又添置了全套健身器材，铺设了水泥地坪。近年来兴起了"街舞热"，妇女们都爱到广场跳舞一展风采。现在这里已成为举办大型集会、开展文艺活动及进行娱乐健身的场所，每逢节假日就热闹非凡。

为了促进经济的发展，政府大力开发乡村旅游业。2014 年甘肃省投资 371.5 万元，村里自筹资金 28.5 万元，修建了村里到正义峡的道路，极大地方便了外地游客和村民出行。

2. 荒漠草原农牧村落

（1）保护内容、措施

在石板墩村民族特色村寨建设过程中，以打造文化品牌为主，着力保护和开发石板墩村的民俗文化、祭祀文化等民族文化。除祭祀文化、肃北婚礼、肃北民歌等已被列入国家、省级保护项目目录外，还要建设祭祀文化保护区，全面展示传统祭祀；建设以肃北蒙古族婚礼、民歌、长调为主要内容的民族文化艺术村寨，筹备建设肃北民俗文化博物馆，举办"那达慕"大会、民间文化艺术节等民俗文化节庆活动，对外充分展示蒙古族特色的礼仪文化、餐饮文化、服饰文化和歌舞文化等。

（2）投入规模、效果

县政府指导石板墩村制定了《民族特色村寨建设规划》，确定到 2020 年，投入 1000 余万元，充分发掘民族村丰富的民族旅游资源，依托旅游景区、交通干线，开发集蒙古族民俗风情和草原、峡谷、冰川、戈壁风光于一体的休闲观光村寨旅游产业。

全村接羔成活率达到 90% 以上，大小畜饲养量达到 104 万头（只），重视动物疫病防控，小反刍兽疫、口蹄疫免疫率均达到 100%。加大畜群改良力度，累计引进优质种畜 241 头（只），持续扩大了良种覆盖面。

累计发放危房改造资金、最低生活保障金等惠民资金 18.2 万元，为 32 户牧民发放草原奖资金 1042.72 万元。全村农村合作医疗参合率达 98%，新型居民养老保险参合率达 97%。扩充"农家书屋"藏书，建成牧民电子阅览室。

4 年来，总投资 9330 万元，完成了石板墩村牧民定居点、新区环城路、供排水系统、村级活动室等 33 个项目建设，新区主体及附属工程全部竣工，供暖、电力、道路、绿化等基础设施陆续配套到位。

（二）黄土高原沟壑区

1. 河谷川道农业村落

近年来，当地政府对青城古镇高度重视，大力投入历史文化名镇、传统村落基础建设，打造乡村旅游产业。经多方努力，收获颇丰，一系列冠名引人瞩目，青城古镇声名鹊起。

2007年，被建设部（现住房城乡建设部）、国家文物局命名为"中国历史文化名镇"。

2010年，被住房城乡建设部、国家旅游局评定为"国家特色景观旅游名镇"。

2012年，青城镇城河村被列入第一批中国传统村落名录。

2013年，获"中国十佳最美风情小镇"之一称号。

2013年，青城古民居建筑群落被国务院列入第七批文物保护单位。

2014年，环保部评其为"国家级生态乡镇"。

2014年，获批为国家AAAA级旅游景区。

政府不忍经济凋敝，群众不舍古镇风貌，合力开发旅游产业。通过财政拨款、贷款、项目引资等，按修旧如旧的原则维护城楼、街道、主要建筑、大院等，古镇越来越显古香古色。

2. 黄土塬坡农业村落

为了开发罗川古文化，发展罗川旅游产业，正宁县委、县政府高度重视，已组织完成了测绘勘探工作，计划投资1.5亿元完成罗川古城开发。

2008年，《正宁县旅游业发展规划》编制完成，在全县"一心一体两翼"的发展格局中，罗川被列为"西翼"，是全县近期旅游发展中重要的一翼。2009年，永和镇政府投入442.8万元对唐台进行开发建设，并于2010年建成唐台生态农业旅游带，目前已对游客开放。2011年10月编制完成了《罗川古城旅游区总体规划》，项目总投资3.63亿元。规划总体布局为"一轴两带四山九区"（"一轴"

指罗川历史文化轴;"两带"指唐台生态农业旅游带、四郎河水域休闲带;"四山"指泰山、琴山、北华山、药王山,四山前后左右围合古城形成左青龙、右白虎、前朱雀、后玄武的格局;"九区"指古城文化区、休闲度假小镇、乡村生活体验区、生态农业观光区、四郎河水域休闲区、泰山宗教文化区、琴山生态休闲区、药王山医药产业区、北华山窑洞养生区)。

(三)青藏高原边缘农牧交错区

1. 陇南山地传统村落

哈南村近些年对村落进行了一系列的保护和修缮工作,主要是对古城墙、古建筑、古民居和古树名木的保护。哈南村清代就为军事哨点,古寨内有起防御作用的古城墙遗址,但是损坏严重,现在只遗留了两处。村落对古建筑和古民居的保护起步较晚。现存的古建筑如西京观内窗户已经比较破旧,几座城楼保存还较完整,而古民居均有不同程度的损坏,现今保存较为完整的只有郭家祠堂、赵家宅和左家宅。古寨内古树名木数量较多,保护较好。哈南村目前还没有专门的部门负责传统村落保护工作。

现今古镇旅游还在起步阶段。前几年经历过一场大火,后又进行灾后修建。沿街铺面修建风格复古,古香古色,但是开张店铺只有几家,生意萧条。古寨内也没有饭店、旅店等旅游接待设施。游客数量很少,旅游业亟待开发。民俗表演内容较为丰富,有夜春观、担担灯、琵琶弹唱等。

2. 土司文化传统村落

连城村于 2012 年申报了传统村落并获通过。近年来，在开发建设过程中，连城镇政府严格按照"保护为主、抢救第一、合理利用、有序开发"的方针，对古镇历史建筑进行了严格管理、有序开发，完善档案，加大力度实施保护，确保古镇原有格局保存完整。

连城镇政府成立了保护委员会，鲁土司衙门文物管理所升格为科级建制的专业博物馆，从组织机构上保证了文物的有效管理；对古建筑（鲁土司衙门、妙因寺、显教寺、雷坛、尕达寺等）进行了修缮；同时明确了妙因寺、显教寺、雷坛的产权、使用权、管理权均属鲁土司衙门博物馆，保证了文物的有效管理；对现存的古民居进行了摸底调查，尤其对古民居中的传统家具、装饰、摆件进行了登记造册，实施挂牌保护，并与住户签订了保护责任书。

按照上级领导和专家提出的意见和要求，积极开展名镇环境整治和日常管理工作。妥善保管申报历史文化名镇的各类资料、保护规划及相关文件。调整了名镇保护委员会成员，使名镇保护委员会职能、分工更加明确。清理卫生死角，清理建筑堆积物，清理主要街道污水、淤泥，平整道路坑穴。加强了对主要街道摊点的管理，保证了道路畅通。对主要街道的墙体、标语、零乱电线进行了清理、整改。

连城镇以文化旅游为主，又因藏传佛教寺庙众多，来当地旅游的游客多为附近地区的藏传佛教信仰者以及一些有文化的中年文人，年轻人一般较少。游客以土司文化旅游节和浴佛节时最为集中，来旅游的多是一日游游客，景区旅游住宿还没有发展起来，只有几户农家乐，全村只能提供不超过 50 人的住宿。没有什么当地的特色菜品，硬菜只有"炕锅羊肉"，味道鲜美。

鲁土司衙门开发较早，现今虽有专门的部门负责管理，但是管理较为落后，门票较贵，且没有专业导游进行讲解，游客人数也很少。而显教寺、雷坛平日里闭门谢客，游客可能连大门都进不去。街道商铺平日里也是生意萧条。

对非遗项目的开发，目前也只有浴佛节搞得比较有名堂，但因为浴佛节只有一天，对当地旅游业的带动作用不大。其他民俗活动也在衰落。

（四）少数民族传统村落

1. 裕固族传统村落

大草滩村进一步加强对村落及传统文化的保护工作，村民对文化的保护与传承意识逐渐提高。2017年，创建全省第一个"裕固族民间文艺传承基地"，并举办了裕固族传统生活场景展示和裕固族传统民歌演唱等活动。为了发挥好基地的传承作用，肃南县拟定了严格、规范的"裕固族民间文艺传承基地"活动制度等四项制度，提出每半年举行一次裕固族传统文化知识的培训活动。建立"村史记忆馆"，记忆馆近100平方米，28块展板、上万文字、300多张照片，以文评图叙的形式综合记叙了大草滩村辗转流徙的族源史及其民族文化的交融演进史。举办民俗文化艺术节，表演剪羊毛、织褐子及传统裕固族歌舞，牧民通过多样的形式展示了传统的生活场景，到目前为止已连续开展了三届。

2. 东乡族传统村落

藏于民俗馆的千年《古兰经》手抄本是非常罕见的珍贵文物。

它在东乡特定的自然环境背景下得以保存至今，见证了东乡族迁徙史，具有十分重要的历史、科学和艺术研究价值。凡到珍藏馆参观的重要客人都会被邀请在留言册上留言，长此以往，积累下来也是可供开发的旅游资源。

韩则岭村特色村寨旅游开发处于起步阶段，发展缓慢，且交通闭塞，基础设施不够完善，但已经初步形成了保护文物、古建筑和民俗文化的意识，并积极进行旅游规划开发，寻找促进经济增长新方式，难能可贵。

二、宁夏传统村落活化案例：固原市隆德县城关镇红崖村一组

（一）村落概况

在很多的书籍中都可以看到对隆德县的描述："北逛宁朔，襟带秦凉，拥卫西辅，有'关陇锁钥'之称。"从地图上看，隆德县地处宁夏南部，位于六盘山西麓，东与陕西相望，西南与甘肃相邻。从经济角度出发，隆德县居于兰州、银川、西安的城市辐射圈中心。从新石器时代开始，这里就已经有了人类的存在，人类在这一带繁衍生息，直至今日。从自然地理的角度来看，隆德县地处黄土高原西部，系祁连山地槽与华北地台的过渡带。地貌类型分为黄土丘陵沟壑区（占55.70%）、阴湿土石山区（占33.26%）、河谷川道区（占11.04%）。

红崖村位于宁夏隆德县清凉河流域，在城关镇的东南。城关镇位于隆德县中心，地处交通要道。镇内地势东高西低，有山有川，

西北传统村落

图 5-6
红崖村全貌

平均海拔高度为 2313 米，地形如盆状；境内的地貌除了黄土丘陵坡地，还有近山丘陵坡地。红崖村距离城关镇中心约 2 千米，东倚龟山，西临清凉河，与南河村东西相望；北依六盘山；南凭清凉山，与清凉寺相邻，清凉河自西穿流而过。红崖村一组作为红崖村（过去红崖村是以村委为行政单位，因其地处隆德县城周边，现已改为红崖社区）的一个自然村小组，原来叫红崖马家。村子形成于宋代以前。清朝时期，有姓马的人家从甘肃静宁搬迁至此，后来相继有从甘肃天水、庄浪，隆德县城等地搬迁而来的杨姓、蒙姓、李姓、张姓等人家。村民主要从事农业以及小商业，如车马店、小吃店、油磨坊等的经营。土改时期改名为红崖村，1958 年成立人民公社以后更名为红崖大队，2003 年乡村合并后叫红崖村一组。红崖村依山而建，呈不规则形状集中分布于山中川地，整体为较为平坦的地势，且呈南北走向。居民区在南北排布，东山和西川均为农田，从山底向半山腰按扇形分布，错落有致，各户各家大门向西。

图 5-7　红崖村全景（一）

图 5-8　红崖村全景（二）

（二）建筑形式

过去，红崖村内的民居建筑主要以明清建筑为主，房屋均为土木结构，房屋结构类似传统民居中的厦房，院落以传统民居的三合院或四合院为主。大门一般是双扇门，院墙一般用黄土夯筑，房屋的建造与布局在整体上前低后高。一般家中的长者居于东边的房屋，家庭其他成员一般居于北边的厢房，粮食等贮存于南面，厨房也一般建在东南角。

随着社会的发展，现在村组内的房屋以砖瓦房为主，结构以鞍架房为主，且随着移民政策的实施，政府在村组斜对面建有9幢楼房，供县内的移民居住。而红崖村内部为了配合老巷子的主题，院墙均以泥土色粉饰。村内的戏台、磨坊、羊圈等都被"修旧如旧"地充分利用起来，体现村落的年代感与厚重的文化感。

图 5-9
双扇大门

图 5-10
石块铺成的村道

（三）产业结构

整个村组以一条长200余米的老巷子构成。2011年，村内的土地或以流转的形式，或以拆迁征地的形式为政府所征用，现今村内的土地仅剩150亩左右。在此之前，以种植小麦、大豆、药材、胡麻等为主；在此之后，村内基本无种植业。村民的收入主要来自两方面：一是旅游，如开办农家乐、商店等；二是县内务工，主要依靠自古流传下来的剪纸、粉墙等手艺，如装修房屋、贴瓷砖等。在红崖村周边分布了众多学校，如隆德县三中、四中等，很多村民也依靠出租房屋赚取收入。

（四）民俗文化

隆德县自古就民风淳朴，文风昌盛，有很多的民间艺术家，如书法家、绘画家、雕塑家等。红崖村也不例外。村内的民俗礼仪与隆德县境内其他的村落差别并不大。在红崖村一组，同时存在绘画、书法、篆刻、砖雕以及剪纸、刺绣、脸谱等民间艺术，很多当地的居民家中，都有用作装饰的字画、剪纸、书法等艺术品，剪纸内容或以人物、山水、花鸟虫鱼等为素材，或以百姓生活场景为主要内容。同时村内的妇女多会手工制作鞋垫、枕头顶、虎头鞋等刺绣品。村内的居民还会自制生产工具，如大草筛、蒲篮等。和隆德县境内其他的传统村落一样，红崖村内的民俗还有社火活动、秦腔演唱等。

图 5-11
蒲篮

（五）历史文化

在历史上，老巷子曾多次成为军事战略要地。据《隆德县志》记载，发生在隆德境内的战役很多，其中较为有名的如宋金争夺德顺军、成吉思汗夺取德顺州、李自成攻占隆德城等，相关军队曾安营扎寨于红崖村。据记载，元朝以后，隆德县更是成为重要的战略要地，也逐渐有移民至此，并在这里开始戍边屯田。1935年秋，红军长征途经隆德，其先遣部队宿营在红崖村，至今在老巷子的房屋墙壁上还有红军长征时留下的红漆标语：参加红军，北上抗日。

（六）村落的保护与利用

2010年以前，村子内的居民为了能够迅速脱贫致富，开始在村内进行大规模的建设，但是忽略了对村落遗迹遗产的保护，在这期间村内有很多的历史建筑毁于一旦。2010年之后，隆德县政府逐渐有了对历史文化名村进行保护的意识，开始注重对传统村落的保护。政府通过整合村内的文化旅游资源，将其融入新农村建设中。以"千古隆德县，百年老巷子"为主题，充分利用村子的资源，如老树根、枯井、戏台以及一系列具有古村气息的建筑，成立国有控股旅游公司，以"红色旅游"与"民俗文化旅游"为主脉，将红崖村打造成为集观光、养生、休闲度假于一体的旅游度假目的地。

但是，在对传统村落进行改造的同时，红崖村作为一个景区，为了追求房屋的统一，几乎家家户户都是统一的六方形门窗，屋顶都是筒状的青瓦。或许对于一个景区而言，这样的标准会给游客视觉上的美感，但是对一个传统村子而言，无疑是失去了其特色。

三、新疆传统村落活化建议和典型案例

（一）沙漠绿洲农业文化区：喀什农业村落

1. 喀什古城整体风貌的保护

吐曼河孕育了这座古城，不论是河道的走向还是河道与城市的空间关系，都成为喀什古城风貌的一部分，在未来城市建设过程中应避免对河道空间的侵占。同时，在未来建设城市过程中应尽量避免黄土取用，对于已经破坏的区域应及时抢救，将破坏程度降到最低，保护古城所在黄土台地的完整性。

喀什古城是喀什历史文化名城的核心要素，在城市现代化建设下，它依然有超然地位。首先，喀什古城周围的城市干道是它轮廓

存在的基础，应避免城市开发项目侵占这些城市干道或古城占地，防止破坏喀什古城的轮廓形状，保证喀什古城的完整性；其次，喀什古城周边还保留部分城墙，它们是边界的重要组成部分，需要将这些遗址保护保存下去。

2. 传统风貌片区的保护

传统风貌片区是指在一定规模的区域内，文物古迹和历史建筑的遗留数量较多，能够较为完整地反映某一历史阶段的城市风貌和地方民族特色，集中体现城市的社会文化、传统的延续和发展。

风貌片区可以分为核心风貌区和建设控制地带两部分，二者采取不同的保护措施。核心风貌区是风貌片区中最为精华的区域，应确保区域内历史环境的完整、真实，对保留下来的建筑、街巷等环境风貌等进行保护，对必须新建的建筑严格把控；建设控制地带是核心风貌区与现代城市间的缓冲区域，应将现代化建设影响屏蔽在核心风貌区之外，所以建设控制地带若要新建与改造，仍需尽量与核心风貌区的特色与环境相协调。

对核心保护区应当采取严格的保护措施。首先，尽量保留核心保护区内的历史建筑，若历史建筑需要改造或修复，需要按照"修旧如旧"的原则，不破坏建筑物原来的外观与结构。其次，尽量不在核心保护区内新建建筑物，必要情况下，要对建筑物的层高、材质、风貌等进行论证，最终使其与周边的历史建筑和街巷保持协调。

3. 街巷的保护对策

在当初的古城建设中，很多区域是居民自行建设，并无统一的规划，所以部分区域环境要素与整体风貌风格不统一，需要将这些进行改造。对街巷遭到破坏或风格不统一的铺装样式进行修整，对花坛、灯柱、垃圾桶等进行统一的规划调整设计，使这些元素与整个街区及古城风貌协调，能够展现地方特色。同时，喀什古城现已成为一处 AAAAA 级旅游胜地，为了给游客带来更好的旅游及观赏体验，需要对影响景观视野的相关设施进行拆除或改建。

4. 建筑的保护

（1）改善建筑结构框架

喀什古城内很多建筑建成年代久远，建筑结构相对不够牢固，生活设施落后，有潜在的安全隐患，需要对这些建筑进行改造。在维持建筑外观与整体风貌协调一致的情况下，对住宅内部进行改造，包括加固结构、整修房屋、提供现代生活设施，让水、电等更便利地接入等，让居民更为便捷地享受现代生活。

（2）转化废弃建筑功能

部分建筑的原有功能已经无法适应现代生活的要求，但有着发展其他功能的潜力。对这些建筑物，可采取保护外观、转换功能的措施，使之适应新的环境。例如部分区位较好的民居建筑，可以转变其居住功能，发展与传统文化相关的特色手工业，以其独特之处为亮点，吸引游客，以保存文化和经济的多样性。

（3）维持民居院落空间格局

维持以院落为中心的空间格局，保护典型的民居布局模式，维持民居结构的完整性。不能随意拆除的有机组成部分可改变其平面布局，民居的改造、重建等不得采用集中式的平面布局模式而取消院落。同时，民居的改造不应该拆除檐廊或取消半地下室体系，应维持院落、檐廊与房屋之间的构造和空间过渡关系。最后，对院落空间中的绿色植物也应保留、保护。

（4）保证建筑风格统一

为提高居住建筑的安全舒适性，改造房屋时可以采用砖混结构，但是外墙涂层的质地与色彩应当与原生土墙体相一致。目前市面上存在色彩和质地基本与生土材料一致的外墙涂层新材料，且具有保温作用，可以用于喀什古城的改造使用。保持现有墙体朴素简洁的风格，不宜采用色彩鲜艳的瓷砖作为外墙装饰。窗户围墙、女儿墙、院门的设计应当符合当地的传统营造习惯，不宜采用大面积铝合金玻璃门窗及类似现代材料，以维持外立面的统一性。

5. 管理体系的完善对策

（1）加强各部门协同配合

古城的风貌保护并不是一个部门的工作或一项单独的工作，需要多个政府部门如园林管理部门、土地管理部门、城市规划部门等的协同配合去共同实施完成，各部门应加强相互间的联系与合作，一起制定适合喀什古城的管理制度和政策；或建立专门的管理机构，加强及完善管理体制。

（2）制定相关法规制度

就目前来说，中国有关古城风貌保护的法律法规基本形成了一个较为完整的体系，但对各个古城而言，实际情况不一，对它们的改造就不能千篇一律，应按照实际情况随机应变，制定符合当地条件的地方政策，最大限度地挖掘古城的资源与价值。

喀什市也应该制定关于喀什古城风貌保护的专项法律法规，对古城价值较高的建筑、街巷等制定明确的规划，以最直接的方式对喀什古城整体风貌进行保护。同时，可以依此法规对破坏古城现状或违反古城开发建设章程的单位或个人进行处罚，最终达成对古城保护、维护方面的规范和引导。

（3）引导群众参与保护开发建设工作

至于古城的保护与建设开发，可以积极引导群众参与。群众世代居住在这片区域，对于这里的传统文化有着深层的认知，加强群众的参与可以发扬地方人文特色，使古城的保护更具合理性。同时，让群众参与到古城的建设工作中去，会使他们产生地方认同感和文化自豪感，便于当地旅游业的开发，可以确保经济和社会的协调发展。最后，群众的大量参与可以为古城保护开发工作提供实时的监督作用。

6. 确立喀什古城旅游主线

旅游主线确立后，需要将其贯穿在整个城市的旅游形象塑造中。在形象塑造中既涉及历史文化名城的文化底蕴，又涉及现代旅游需求，以将名城风格鲜明、文化底蕴深厚的旅游形象展示在民众面前。旅游主线、主题的确立是一座古城的名片，可以将当地最为鲜明的特色展现出来。

喀什古城在很多方面独具魅力，蕴含着无限的旅游开发潜力。首先，因其特殊的地理位置，位于丝绸之路的中部重要节点，无数文明在这里交流汇集，使得这里的旅游资源丰富，有着丰富多彩的非物质文化遗产，包括很多手工艺制作手法、民俗风情等。其次，它还是中国仅有的一座自然生长、具有迷宫式街巷的城市。这些特色让喀什古城成为所有古城中一座特别的存在，对它更新为一座旅游名城具有极大的帮助。未来喀什城市的建设，可以通过提升当地环境及整体风貌，保护、传承传统文化来开发、凸显特色鲜明的旅游元素，以此来吸引游客、刺激消费行为，进而使喀什从旅游大城变为旅游强城。

7. 更新策略

（1）合理开发古城资源

历史文化名城的开发是一项严肃、必要的工作。盲目开发、乱拆乱建，一方面会造成对当地文化传承的阻碍，对旅游业未来发展造成打击，损害当地经济，让游客产生失落感甚至不满足感；另一方面，城市的改建与更新是一个不可逆的过程，一旦造成伤害将难以挽回，是对古城资源以及人力、物力巨大的浪费。所以古城资源的开发需要聘请专业的历史学、旅游学等各方面人才进行科学合理的整体规划；除此之外，开发前要对古城进行走访调研，虽然这项工作复杂烦琐、需要长期进行，但可以对古城所拥有的资源进行整合，便于古城风貌的保护以及未来的旅游更新。

（2）丰富文化元素

喀什古城作为丝绸之路这条文化传输带的组成部分，从古至今经历了无数文明的交汇碰撞。除了众多的文物古迹外，更重要的是孕育了这里灿烂的文明与文化，无论是人工技艺，还是民俗风情、文化内涵，都体现了喀什的独特风韵。未来的发展需要将这些精彩的文化展现出来。

当地文化部门应加强对地方文化内涵的挖掘与研究工作，对当地特色的非物质文化遗产的表演形式进行创新，在古城中进行演出，或增加参与性项目，观光与体验结合，加大宣传力度，突出喀什古城特色，丰富古城的旅游元素，增加游客对古城的新鲜感。

（3）延续原有商贸模式

喀什联通中外，由古至今商贸繁荣，留下了重商、崇商、经商的传统，其中巴扎这种特色集市成为其商贸的一大亮点，且这里历史上的居住地域是按照行业、专业分工而分布，不同的区域所拥有的手工艺或售卖的商品也不一样，最终形成了风格相同、内容不同的巴扎。

在未来喀什古城的发展过程中，应保留这种传统的商业经营方式，给予一定的扶持，使民间手工艺得以保留及发展下去，以此特色民俗文化来吸引游客。另外，对于古城中不合理的商业结构进行调整，以期用鲜明的商业特色促进旅游名城的建立。

（4）打造喀什古城特色建筑、街巷

建筑是一座古城最基本的组成元素，对古城的更新、旅游业的开发，必定需要对这些基本单元进行更新。

在对喀什古城建筑进行更新时，要贯彻保护古城风貌的原则，包括对其民居空间、建筑构型、装饰搭配、色彩运用及人文特色等的保护，让这些涵盖文化的特色凸现出来。另外，适当听从住户对于改善建筑、保护工作提出的意见，给他们提供参与设计的机会。在让古城风貌更新工作更加合理的同时，发扬地方人文特色，传承传统文化。

（二）盆地农耕文化区：吐鲁番农业村落

1. 村落传统文化的保护

传统生活形态直接反映村落的历史文化面貌和特性，尊重当地居民的生活习惯，保护村落的传统文化，实则是在保护当地文化生活形态不受外来文化的干扰，使其在与时俱进的过程中传承风貌特色，并和现代文明并行于发展的时间线上。重视村落传统文化可以加强彼此的了解，促进民族团结和社会和谐。

2. 民俗活动的开展

民俗活动可以再现麻扎村悠久的民族文化，可以唤醒深藏于居民心中的记忆。麻扎村作为传统村落，应多挖掘自身的文化内涵。结合麻扎村居民的生活方式与文化观念、社会结构，以名人逸事、民间工艺及传统技艺、地域文化、传统产业等特色文化来开展民俗活动。定期举办特色歌舞等艺术活动和进行手工艺品制作，或者通过节庆活动、街头音乐等形式复兴古村落的文化内涵。这样可以烘托吐峪沟麻扎村的民俗氛围，使当地的文化遗产以多种形式保存下来。

3. 传统商贸活动的延续

吐峪沟麻扎村应最大限度保证当地传统商贸活动的原汁原味，鼓励支持村内传统特色店铺的经营，赋予老店铺文化内涵。对村民的经营活动提供资金或政策方面的扶持，以促进民间技艺的留存与延续，丰富麻扎村民俗文化的内容；吸收社会资金，开发出吐峪沟麻扎村文化资源，配套销售具有麻扎村风貌特色的产品，使麻扎村民俗文化不仅可以得到延续，还能增加知名度。

4. 对外交通网络的完善

吐峪沟麻扎村进行各种活动都需要交通系统的支持，交通状况会影响到整个村落的生活质量。为保证麻扎村的生命力，需要建立和完善对外交通系统。考虑到麻扎村的地理位置和建造成本，可以将对外交通网络系统的扩建和修缮作为主要目标。构建完整的对外交通系统，满足外来游客的游访需求。增设城际大巴专线，增加麻扎村的公共交通可达性。在麻扎村村口增设停车位，方便车辆停放，给旅客增加便利。

5. 吐峪沟麻扎村建筑保护对策

（1）民居功能的改变

吐峪沟麻扎村民居的功能早已不仅仅是居住休憩。部分具有极高文化研究价值的建筑应该舍弃居住功能，整体保存，作为遗迹供学者研究和游人观赏。对于部分保存较差的建筑，应当进行适当修缮，继续发挥使用功能。根据麻扎村民居的不同情况，建筑可以分为三大类：

①文物建筑：整体保存

对于村内具有极高历史价值、保存完好的建筑，在建筑保护过程中应遵循整体保存的原则。尽可能做到不干预建筑现有风貌，严禁在原有的基础上进行改建和翻新。对这种整体保存的建筑拍照留档，方便学者进行深入研讨分析。

②保留类建筑：功能置换

保留类建筑主要包括麻扎村内质量一般的建筑。首先可以对该类建筑的结构进行剖析，保证建筑结构的安全，然后进行适当修复。将原有的民居改造成历史遗迹展馆，内部设置展厅，或将建筑本身作为展示民族风貌的展品。将原有的居住建筑置换成展示类遗迹建筑。采用现代方法修复古建筑时，要尽可能采用原始的材料并保证对原始建筑没有影响。

③改善类建筑：局部保存

对民居结构较完整，实用功能较全，但与麻扎村整体风貌存在较大差异的建筑可以适当进行改造，以达到和历史建筑风貌相协调的目的。保存建筑损毁较轻的部分，损毁严重的区域照原有施工工艺进行修复，做好标记，避免后来学者研究麻扎村民族风貌时误将修补建筑当成历史建筑进行研究。在对建筑外部进行修缮的同时，对建筑内部也要做适当的改进。

（2）新材料的应用

吐峪沟麻扎村的卵石基底、生土墙面、草泥屋顶，虽能较好地满足古代聚落的使用要求，但麻扎村建筑并非全为历史遗迹，大量古建筑群中尚有村民居住。因此，在不破坏麻扎村整体风貌的前提下，应针对尚有居民居住的建筑进行修缮。整体的原则是"修复为主，改造为辅"，尽可能保留当地黄土文化，主要材质依然选择黄黏土，黏合剂采用现代化学制剂，用新型黏合剂、新的成型技术，这样可以不破坏村落的可视外观。屋顶可以采用现代轻质纤维封顶，外部用农作物副产品搭建，让草泥屋顶的功能从原有的结构功能转移到审美功能上，保证整体建筑结构强度的同时不破坏整体风貌。

（3）建筑色彩的维系

吐峪沟麻扎村的民居内外色彩经过千年的演变积累，逐渐趋同，加上建筑材质的选择，整个村落形成统一的色调。如果色彩差异过大，就会呈现离散的状态。应使用黄黏土重新装饰村内贴有现代标语的墙面，同时应拆除具有现代特色的晾架，更换景区内颜色搭配不当的垃圾桶、标示牌，使麻扎历史村落建筑色彩得到维系。

6. 吐峪沟麻扎村管理体系的健全

（1）管理制度的建立

要更好地保护麻扎村风貌就必须协调相关部门的合作，需要健全管理体制，使各职能部门在执行各自工作时加强沟通，每个决策部门都可以相互关联。设立针对性部门对文物、城乡规划、土地用地管理等进行统筹安排。对方案进行统一部署，各部门在对吐峪沟麻扎村开展保护工作时受到统一管理。在各部门间产生分歧时寻求折中的解决方案，提高村落风貌保护工作的效率。

（2）政府监管的加强

为保证村落风貌保护能顺利进行，加强政府监管是必不可少的环节。要对麻扎村的文化遗产进行普查，调查当地的建筑及文化，制定详细的保护措施。同时明确政府是主要的责任主体，一切保护工作都应该在政府的监管下进行。政府应加强教育机构的设置和宣传传播，鼓励村民学习传统文化，使整个村落的风貌保护在政府的监管引导下变得科学、高效。

（3）公众参与的引入

在旅游开发过程中，村民的态度会直接影响到整个开发的进程。应鼓励村民参与其中，使麻扎村村民成为旅游开发的直接受益者，通过村民自发形成的管理组织共同解决环境恶化、利益分配不均等问题，这样可以减少旅游开发时村民与旅游公司的矛盾冲突，实现古村落的和谐发展。

7. 吐峪沟麻扎村景观发展对策

（1）景观资源的开发

景区在开发旅游资源的过程中，应坚持景区文化建设和景区景点建设并行的原则。文化是景点的内涵，要实现麻扎村的长期发展，需要注重文化底蕴的建设，使游客在游览景点时，受到地域文化的熏陶。景点是文化的承载体，对麻扎村景观资源的开发可以发掘更多的文化内涵。加快吐峪沟千佛洞的修缮工作，加强七贤祠周围的道路建设，清理垃圾，安放标识牌，依靠地形修建文化墙。多从细节入手，村内的一砖一瓦，每一座建筑都应营造一种文化内涵。增加景点对游客的吸引力，逐渐展现其风貌。

（2）配套设施的完善

在村落规划过程中，从硬件入手，优化景区配套设施。科学规划，合理开发，建设生态停车场、旅游公厕、垃圾桶等基础性设施，为游客营造舒适优美的旅游环境。在十字路口设立标识牌，引导游客游览。开设疑难解答问讯处，给游客答疑解惑。提升导游自身文化素养，为游客提供全面翔实的景点介绍。

（3）景观植被的丰富

植物可以起到组织景观的作用，因其高低、疏密的不同等可以形成不同的景观空间，可以用来划分景点。植物天然的净化作用还可以增大含氧量、滤尘、遮阳、挡风、调节温度和湿度，增加景点的游览舒适度。根据麻扎村植被现状和水资源限制，可以清理河道，除去杂草，种植香雪球、地肤、甘草等耐旱植物。在主干道及重要景观节点处种植胡杨、大叶杨等乡土树种，增加空间层次感的同时给游客提供阴凉。同时对耕地内葡萄架进行美化，在满足农业生产的同时兼具观赏功能。

（4）景观纪念产品的开发

购物是整个旅游必不可少的环节之一，也是景观舒适度的重要评价指标之一。有较好感官体验之后，旅游结束前，游客会购买一些具有传统特色的纪念品来保存对这次旅游的美好回忆。村民可以开发具有纪念价值的产品，售卖印有麻扎村轮廓的葫芦和使用当地黄黏土制作的等比微缩的麻扎村民居模型。也可以增加手工制作泥塑模型的旅游项目，让游客切实地"触摸"到生土建筑文化，这既是提高景观感知的手段，也是出色的旅游产品。

（三）少数民族文化区：乌鲁木齐二道桥

二道桥街区位于边疆，富有异域风情，拥有大量独特的文化底蕴，是丰富的潜在旅游资源，可以为游客提供极大的满足感。二道桥区块非物质文化类型的多样性可以客观地为游客提供丰富的旅游环境、旅游体验和旅游活动。这样，多民族风情支持的旅游业将吸引大量游客前来参观，为经济发展创造条件。

曾经，二道桥片区的发展和保护还是存在一些问题的，现在则是一片欣欣向荣，二道桥片区已是传统文化保护传承和旅游活化的经典地区之一。这一切的转折出现在2017年。

2017年，二道桥片区老城区改造提升工程作为乌鲁木齐市老城区改造提升工程的示范性和标杆性工程启动。乌鲁木齐市按照在保护中发展、在发展中保护的原则，坚持高起点、高标准、高水平规划，成功将该片区打造成为丝绸之路文化展示和商贸旅游区。既让二道桥片区成为乌鲁木齐市的旅游金名片，又提高了居民的幸福感和安全感。

首先，将改造提升与城市人文内涵结合，通过因地制宜、突出地域特色、现代特色、宜居特色，既更好地延续了二道桥片区的历史文脉、展现出二道桥片区的风貌，又实现了品味提升、功能提升的目标，塑造了良好的形象。

比如大巴扎步行街，该街根据规划定位，完善了商业业态，既展示了新疆地区传统的非物质文化遗产项目、文创文旅作品、特色产品、时尚餐饮及特色美食等，又融入了"大美新疆"等人文内涵，打造了集美食城、民俗文创孵化基地与现代科技旅游产品于一体的文化旅游商业综合体。

其次，将改造提升与推进城市治理体系和治理能力现代化相结合，"城市修补、生态修复"的规划理念贯穿全局，通过对空间的合理构建、将改造建设与老城肌理结合，让城市功能完善。在具体实施过程中，市规划部门围绕二道桥片区功能定位加强规划设计，确保老城区改造提升规划的完整性、实施的统一性、功能定位的前瞻性，确保每个项目都在顶层设计的指导下开发建设。在征收工作中，市委、市政府坚持最大限度地让利于民，出台了一系列配套政策。居民不仅积极响应、全力配合，还成了老城区改造提升的义务宣传员。在二道桥片区征收工作中，以零矛盾、零上访完美收官，正所谓民生工程得民心。

再次，有关部门大力开展以建筑节能保温为主的亮化工程，对该片区除实施外立面改造、园林优化、人行道提升、杆线入地等工作外，还沿着建筑主体安装照明系统，用灯光勾勒出每栋建筑的轮廓。真正实现了建筑可阅读、街道可漫步、城市有温度的目标。

最后，有关部门下大力气解决二道桥片区及周边地区卫生脏乱差、道路不平整、电线电缆杂乱等问题，为各族群众营造更加干净、整洁、宜居的生活环境，促进各族群众广泛交往、全面交流、深度交融，形成相互来往、邻里守望的友好关系。

比如固原巷社区，该社区紧邻大巴扎步行街，有5000多个居民，其中，流动人口占41%，他们是二道桥片区改造提升相关工程的最直接受益者。在基础设施完善之后，社区还为流动人口女性再就业设置了服装裁剪培训工作室，为孩子们开辟了六点半课堂和美术、书法、舞蹈等兴趣班，为老年人设置了老年活动中心，还为所有居民开办了居民课堂，等等。

通过一系列惠民项目，居民的归属感强了，邻里之间的走动多了，参与社区各项工作的积极性也高了。在居民的共同努力下，固原巷社区先后获得全国民族团结进步单位、全国学雷锋模范示范单位及全国最美志愿者单位等称号。

参考文献

REFERENCES

[1] 张家铎，张燕. 文化隆德[M]. 银川：宁夏人民出版社，2010.
[2] 正宁县志编纂委员会. 正宁县志[M]. 兰州：甘肃文化出版社，2010.
[3] 天城志编纂委员会. 天城志[M]. 兰州：甘肃文化出版社，2000.
[4] 高台县志编纂委员会. 高台县志[M]. 兰州：兰州大学出版社，1993.
[5] 郑筱筠，高子厚. 裕固族：甘肃肃南县大草滩村调查[M]. 昆明：云南大学出版社，2004.
[6] 薛正昌. 宁夏历史文化地理[M]. 银川：宁夏人民出版社，2007.
[7] 钟侃. 宁夏古代历史纪年[M]. 银川：宁夏人民出版社，1988.
[8] 杨春光. 宁夏文化的纵与横刍议[M]. 银川：宁夏人民出版社，2010.
[9] 杨春光. 宁夏文化的源与流探析[M]. 银川：宁夏人民出版社，2008.
[10] 王连喜. 宁夏农业气候资源及其分析[M]. 银川：宁夏人民出版社，2008.
[11] 米文宝. 宁夏人文地理[M]. 北京：中国社会科学院研究出版社，2006.
[12] 徐广国. 银川史话[M]. 北京：社会科学文献出版社，2015.
[13] 汪一鸣. 宁夏人地关系演化研究[M]. 银川：宁夏人民出版社，2005.
[14] 刘登彪，孙伟国. 永宁耕地[M]. 银川：宁夏人民出版社，2008.
[15] 永宁县军事志编纂委员会. 永宁县军事志[M]. 银川：宁夏人民出版社，2002.
[16] 孙生玉. 宁夏山川[M]. 银川：宁夏人民出版社，2005.
[17] 宁夏百科全书编纂委员会. 宁夏百科全书[M]. 银川：宁夏人民出版社，1998.
[18] 永宁县志编审委员会. 永宁县志[M]. 银川：宁夏人民出版社，1995.
[19] 永宁县党史县志办公室. 纳家户村志[M]. 银川：宁夏人民出版社，2011.
[20] 魏郁珉. 中国最美的100个乡村[M]. 北京：北京工业大学出版社，2015.
[21] 唐荣尧. 中国新天府[M]. 西宁：青海人民出版社，2013.
[22] 周兴华，周晓宇. 宁夏史地新证：神秘南长滩[M]. 银川：宁夏人民出版社，2013.
[23] 张鲲. 气候与建筑形式解析[M]. 成都：四川大学出版社，2010.
[24] 李涌泽，丁思俭. 黄河八百里行[M]. 银川：宁夏人民出版社，2007.
[25] 知路图书. 中国古镇游[M]. 长春：吉林科学技术出版社，2014.
[26] 《小长假大旅行》编辑部. 中国古村游[M]. 北京：中国铁道出版社，2014.
[27] 杨春光. 宁夏重大文艺创作题材脉络[M]. 银川：阳光出版社，2011.
[28] 张燕，程德美，马彦. 大漠长河：宁夏人文地理[M]. 北京：中国建筑工业出版社，2015.
[29] 李克昌，吴源清. 宁夏草业科学研究[M]. 银川：宁夏人民出版社，2007.
[30] 中共宁夏回族自治区委员会政策研究室，宁夏回族自治区农村社会经济调查队，中国农村经济学研究会宁夏分会，等. 宁夏乡镇情[M]. 银川：宁夏人民出版社，1991.
[31] 刘世友. 中国传统村落：宁夏隆德：红崖村、梁堡村[M]. 银川：宁夏人民教育出版社，2016.
[32] 严大椿. 新疆民居[M]. 北京：中国建筑工业出版社，1995.

[33] 余太山. 西域通史[M]. 郑州：中州古籍出版社，2003.
[34] 何粉霞，李德宽. 管辖行动：永宁纳家户回族的内婚制与族群再造的解析[J]. 回族研究，2016（1）：68-73.
[35] 姜克银，陈晓芳. 宁夏纳家户村寨建筑规划谱系学考察[J]. 西北民族大学学报（哲学社会科学版），2012（2）：71-76.
[36] 李荣，陈忠祥. 宁夏文化景观形成的环境影响分析[J]. 池州师专学报，2006，20（5）：117-120.
[37] 王刚，周学红，聂康才. 银川平原典型聚落形态研究[J]. 四川建筑，2011（6）：25-27.
[38] 王重玲，朱志玲，白永波，等. 宁夏中部干旱带农村居民点空间分布研究[J]. 中国农学通报，2015，31（10）：269-277.
[39] 程云龙. 宁夏乡村旅游发展分析：以中卫市南长滩村为例[J]. 现代农业科技，2015（21）：318，321.
[40] 邰志斌. 贺兰山口：消失的村庄[J]. 科学大观园，2006（10）：25-27.
[41] 阿依帕提古丽·亚森. 喀什古城的现代化研究：以安江热斯特巷为例[J]. 文化遗产研究，2017（2）：140-147.
[42] 丁世超，刘晓文. 吐峪沟麻扎村建筑美学特点探析[J]. 统计与管理，2017（5）：184-186
[43] 迪娜·努尔兰，塞尔江·哈力克. 古村落传统建筑特征与风貌保护探究：以琼库什台村为例[J]. 华中建筑，2017，35（12）：102-105.
[44] 丁玉珍. 原生态"历史文化名村"发展状况探究：以伊犁琼库什台村为例[J]. 民族论坛，2013（10）：91-93.
[45] 丁东. 喀什古城：别样风情在高台[J]. 城乡建设，2018（22）：80.
[46] 管锐魂. 喀什古城特色及保护利用[J]. 城市规划，1987（5）：13-15.
[47] 郭文礼. 新疆"历史文化名村"民居建筑风貌图景研究[J]. 大众文艺，2011（8）：174-175.
[48] 侯爱萍，陈新勇. 基于基因信息图谱的传统聚落景观研究：以新疆吐鲁番麻扎村维吾尔族聚落为例[J]. 新疆大学学报（自然科学版），2016，33（2）：235-240，252.
[49] 侯爱萍. 新疆维吾尔族传统聚落景观及其保护研究：以吐鲁番麻扎村为例[J]. 贵州民族研究，2016，37（1）：79-82.
[50] 韩芳，柴梅. 社会转型期大城市少数民族流动人口的居留特征与政策启示：以乌鲁木齐市二道桥社区为例[J]. 经济研究导刊，2010（22）：142-144.
[51] 姜丹. 喀什噶尔古城聚居空间的场所精神解读[J]. 装饰，2015（12）：132-133.
[52] 陆易农，王元新. 历史文化名城改造中城市风貌、文化特色的传承与保护：以喀什老城区的改造为例[J]. 建筑与文化，2015（9）：156-161.
[53] 李群. 探析喀什噶尔古城聚居空间的耦合性[J]. 南京艺术学院学报（美术与设计版），2014（4）：104-108.
[54] 刘金芝，郭茹，刘宇. 探析喀什古城风貌的保护与革新[J]. 农村经济与科技，2015，26（10）：169-172.
[55] 孙应魁，翟斌庆. 乡村振兴背景下地域性传统村落的保护规划探究：以新疆特克斯县琼库什台村为例[J]. 小城镇建设，2019，37（2）：113-119.
[56] 孙应魁，塞尔江·哈力克. 美丽乡村背景下新疆特克斯县琼库什台村"产、村、景"发展规划策略探究[J]. 北方园艺，2018（10）：186-193.
[57] 孙应魁，塞尔江·哈力克，王烨. 基于共生理论的古村落保护与旅游发展策略探究：以新疆特克斯县琼库什台村为例[J]. 西部人居环境学刊，2017，32（6）：84-91.
[58] 孙应魁，塞尔江·哈力克. 吐鲁番地区传统民居的保护与改造策略探析：以吐峪沟乡麻扎村为例[J]. 沈阳建筑大学学报（社会科学版），2017，19（4）：343-349.
[59] 王磊. 新疆喀什噶尔古城传统聚落街巷空间形态研究[J]. 装饰，2013（10）：123-124.
[60] 王丽丽. 历史文化城市的景观保护与设计方法研究：以喀什噶尔古城空间结构为例[J]. 现代装饰（理论），2013（2）：99.

[61] 向峰.最古老的维吾尔族村落：吐峪沟麻扎村[J].小城镇建设，2006（9）：62-63.

[62] 于洋，雷振东，刘加平.沙漠戈壁传统民居建筑遗产的经验与智慧：以新疆麻扎村为例[J].西安建筑科技大学学报（自然科学版），2014，46（3）：399-402.

[63] 伊明江·阿布都热依木.保护古城文化景观，延续古城历史文脉：对喀什历史名城保护的理性思考[J].设计艺术研究，2011（4）：60-62，80.

[64] 冶建明，李应宾，裘鸿菲.乌鲁木齐二道桥历史街区保护与更新研究[J].华中建筑，2014，32（8）：111-115.

[65] 岳邦瑞，李玥宏，王军.水资源约束下的绿洲乡土聚落形态特征研究：以吐鲁番麻扎村为例[J].干旱区资源与环境，2011，25（10）：80-85.

[66] 岳邦瑞，李春静，李慧敏，等.气候主导下的吐鲁番麻扎村绿洲乡土聚落营造模式研究[J].西安建筑科技大学学报（自然科学版），2011，43（4）：563-569.

[67] 杨晓峰，周若祁.吐鲁番吐峪沟麻扎村传统民居及村落环境[J].建筑学报，2007（4）：36-40.

[68] 伊力夏提·吐尔逊.喀什古城高台民居[J].中国民族美术，2018（3）：113.

[69] 岳邦瑞，王庆庆，侯全华.人地关系视角下的吐鲁番麻扎村绿洲聚落形态研究[J].经济地理，2011，31（8）：1345-1350.

[70] 赵凯.火焰山下的古村落：吐鲁番地区鄯善县麻扎村[J].美与时代（城市版），2016（6）：32-33.

[71] 张天新，卢映云，邓婧.少数民族村落传统生活与旅游共同发展的互益体研究[J].旅游规划与设计，2013（2）：36-43.

[72] 周跃武.保护传统街区特色　延续古城历史文脉：对喀什历史街区保护的思考和对策[J].城市发展研究，2003（5）：71-74.

[73] 张展洪.新疆吐峪沟麻扎村生土民居空间探析[J].大众文艺，2011（22）：275.

[74] 朱琳，李丽，谷圣浩.历史文化名城喀什地域特色浅析[J].城市建筑，2013（16）：295-296.

[75] 岳阳.少数民族历史村落文化景观的保护与开发：以吐峪沟麻扎村为例[C]//中国风景园林学会.中国风景园林学会2013年会论文集：上册.北京：中国建筑工业出版社，2013：198-200.

[76] 赵宇雯，沈怡辰.新疆绿洲传统聚落亲水性空间研究：以吐峪沟乡麻扎村为例[C]//中国城市规划学会、东莞市人民政府.持续发展理性规划：2017中国城市规划年会论文集　09城市文化遗产保护.北京：中国建筑工业出版社，2017：1277-1285.

[77] 马吉清.宁夏中部生态移民政策研究：以鲁家窑移民新村为例[D].拉萨：西藏大学，2013.

[78] 李建壁.纳家户回族传统民居保护与更新[D].银川：宁夏大学，2010.

[79] 燕宁娜.宁夏清真寺建筑研究[D].西安：西安建筑科技大学，2014.

[80] 阿米娜·吐尔逊.西北地区城市更新过程中传统社区保护问题研究：以喀什古城吾斯塘博依社区为例[D].兰州：西北师范大学，2008.

[81] 迪娜·努尔兰.基于历史文化传承的传统村落保护与更新策略[D].乌鲁木齐：新疆大学，2017.

[82] 地里互玛尔·艾斯卡尔.巴楚县恰尔巴格乡麻扎山下的麻扎村调查研究[D].乌鲁木齐：新疆师范大学，2017.

[83] 单昕.城市多民族社区居住格局变迁研究[D].乌鲁木齐：新疆大学，2011.

[84] 焦石.新疆古村落旅游可持续发展模式研究：以吐峪沟麻扎村为例[D].乌鲁木齐：新疆大学，2016.

[85] 郎小龙.人地关系视角的绿洲乡土景观模式研究：以鄯善县麻扎村为例[D].西安：西安建筑科技大学，2013.

[86] 李春静.干旱区气候环境下的乡土景观设计对策研究：以吐鲁番麻扎村和于田县老城区为例[D].西安：西安建筑科技大学，2011.

[87] 刘正江.新疆城市民族商业社区变迁研究[D].北京：中央民族大学，2009.

[88] 李俊新.乌鲁木齐地域性建筑形式与文化研究：以乌市民族风情一条街建筑为例[D].西安：西安建筑科技大学，2006.

[89] 石蓓. 创意产业导向下的喀什历史文化街区空间更新策略研究[D]. 哈尔滨：哈尔滨工业大学，2012.
[90] 苏艳. 喀什老城区"阿霍街区"风貌研究和保护[D]. 乌鲁木齐：新疆大学，2010.
[91] 瓮淼. 城市商业区环境设施的地域性设计研究：以乌鲁木齐国际大巴扎商业区为例[D]. 乌鲁木齐：新疆师范大学，2008.
[92] 王菁菁. 乌鲁木齐市民俗风情旅游开发及其变迁[D]. 乌鲁木齐：新疆大学，2010.
[93] 冶建明. 乌鲁木齐二道桥历史街区风貌保护研究[D]. 武汉：华中农业大学，2014.
[94] 张展洪. 基于喀什噶尔古城"阿热亚路"街区风貌研究[D]. 乌鲁木齐：新疆师范大学，2014.
[95] 赵莉. 乌鲁木齐国际大巴扎文化旅游与开发研究[D]. 乌鲁木齐：新疆师范大学，2007.
[96] 张燕龙. 沙漠绿洲传统民居建筑适宜性发展模式研究[D]. 西安：西安建筑科技大学，2009.
[97] 张玉芳. 酒泉肃北县党城湾镇马场村：特色村寨有特色[EB/OL]. (2018-11-13) http://gansu.gscn.com.cn/system/2018/11/13/012060371.shtml.
[98] 杨晨雨. 独特奇异的陇南社火：夜春观[EB/OL]. (2009-2-24) http://lnb.gansudaily.com.cn/system/2009/02/24/011003007.shtml.
[99] 王锦强. 红崖村：六盘山下是我家[N/OL]. 人民日报海外版，2013-08-09（15）. http://www.people.com.cn/24hour/n/2013/0809/c25408-22499095.html.
[100] 宋建华，马婷，蒋晓. 二道桥片区：特色更新展现"国际范儿"[EB/OL]. (2020-11-9). http://media.womob.cn/m/topic/detail.aspx?id=461709&db=wlmq.

附录：西北传统村落名单

表6-1 西北传统村落甘肃部分

序号	批次	名称
1	第一批 （2012-12-17）	兰州市西固区河口乡河口村
2		兰州市永登县连城镇连城村
3		兰州市榆中县青城镇城河村
4		白银市景泰县寺滩乡永泰村
5		天水市麦积区麦积镇街亭村
6		天水市麦积区新阳镇胡家大庄村
7		陇南市文县石鸡坝乡哈南村
8	第二批 （2013-08-26）	天水市清水县贾川乡梅江村
9		陇南市文县铁楼民族乡入贡山村
10		陇南市文县铁楼民族乡石门沟村案板地社
11		陇南市文县铁楼民族乡草河坝村
12		临夏回族自治州临夏市城郊镇木场村
13		甘南藏族自治州卓尼县尼巴乡尼巴村
14	第三批 （2014-11-17）	白银市景泰县中泉乡三合村
15		白银市景泰县寺滩乡宽沟村
16	第四批 （2016-12-09）	兰州市榆中县金崖镇永丰村
17		白银市景泰县中泉乡龙湾村
18		白银市景泰县中泉乡尾泉村
19		张掖市高台县罗城乡天城村
20		平凉市华亭县安口镇高镇村
21		庆阳市正宁县永和镇罗川村
22		陇南市文县碧口镇白果村郑家社
23		陇南市文县铁楼乡强曲村
24		陇南市宕昌县狮子乡东裕村
25		陇南市康县岸门口镇朱家沟村
26		陇南市西和县兴隆乡下庙村
27		陇南市西和县大桥镇仇池村

续表

序号	批次	名称
28	第四批 (2016-12-09)	陇南市礼县宽川乡火烧寨村
29		陇南市礼县崖城乡父坪村
30		陇南市徽县嘉陵镇稻坪村
31		陇南市徽县嘉陵镇田河村
32		陇南市徽县麻沿乡柴家社
33		陇南市徽县大河乡青泥村
34		甘南州迭部县益哇乡扎尕那村
35		甘南州临潭县流顺乡红堡子村
36		甘南州临潭县王旗乡磨沟村
37	第五批 (2019-06-06)	白银市靖远县平堡乡平堡村
38		天水市麦积区党川乡马坪村
39		张掖市山丹县老军乡硖口村
40		平凉市静宁县界石铺镇继红村
41		定西市通渭县榜罗镇文丰村
42		陇南市文县铁楼藏族乡新寨村
43		陇南市徽县栗川乡郇家庄村
44		临夏州东乡族自治县达板镇舀水村
45		甘南州合作市勒秀乡罗哇上村
46		甘南州临潭县新城镇西街村
47		甘南州卓尼县木耳镇博峪村
48		甘南州舟曲县坪定乡坪定村
49		甘南州迭部县达拉乡高吉村
50		甘南州迭部县旺藏乡次日那村
51		甘南州迭部县多儿乡洋布村
52		甘南州玛曲县阿万仓乡沃特村
53		甘南州玛曲县木西合乡木拉村
54		甘南州夏河县甘加乡八角城村

表 6-2　西北传统村落宁夏部分

序号	批次	名称
1	第一批 （2012-12-17）	固原市隆德县城关镇红崖村一组
2		固原市隆德县奠安乡梁堡村一组
3		中卫市沙坡头区迎水桥镇北长滩村
4		中卫市沙坡头区香山乡南长滩村
5	第四批 （2016-12-09）	宁夏吴忠市利通区东塔寺乡石佛寺村
6	第五批 （2019-06-06）	固原市彭阳县城阳乡长城村乔区组

表 6-3　西北传统村落新疆部分

序号	批次	名称
1	第一批 （2012-12-17）	吐鲁番地区鄯善县吐峪沟乡麻扎村
2		哈密地区哈密市回城乡阿勒屯村
3		哈密地区哈密市五堡镇博斯坦村
4	第二批 （2013-08-26）	伊犁哈萨克自治州特克斯县喀拉达拉镇琼库什台村
5		克孜勒苏柯尔克孜自治州阿克陶县克孜勒陶乡艾杰克村
6		阿勒泰地区布尔津县禾木哈纳斯蒙古民族乡禾木村
7		阿勒泰地区哈纳斯景区铁热克提乡白哈巴村
8	第三批 （2014-11-17）	昌吉回族自治州木垒哈萨克自治县照壁山乡河坝沿村
9		昌吉回族自治州木垒哈萨克自治县西吉尔镇水磨沟村
10		昌吉回族自治州木垒哈萨克自治县西吉尔镇屯庄子村
11		昌吉回族自治州木垒哈萨克自治县英格堡乡街街子村
12		昌吉回族自治州木垒哈萨克自治县英格堡乡马场窝子村
13		昌吉回族自治州木垒哈萨克自治县英格堡乡英格堡村
14		昌吉回族自治州木垒哈萨克自治县英格堡乡月亮地村
15		和田地区民丰县萨勒吾则克乡喀帕克阿斯干村

续表

序号	批次	名称
16	第四批	吐鲁番市高昌区葡萄沟街道办事处拜西买里村
17	（2016-12-09）	吐鲁番市鄯善县鲁克沁镇赛尔克甫村
18	第五批（2019-06-06）	昌吉回族自治州奇台县大泉塔塔尔族乡大泉湖村

注：本附录根据住房城乡建设部、文化部（现文化和旅游部）、财政部等政府部门公布的五批中国传统村落名录（2012—2019）整理而得。

后记
AFTERWORD

中国传统村落作为中华文化遗产的重要载体，承载着中华民族的历史记忆，是人类农耕文明的重要见证，也是中华民族认同的根源，具有重要的文化价值、生态价值和经济价值。但在快速城镇化、现代化的冲击下，中国传统村落正在面临生存的挑战。传统村落的消失不仅意味着村落建筑的消亡，更意味着传统村落所蕴含的文化价值的消亡。近几十年来，随着经济的大发展以及城镇化的推进，大量青壮年走出乡村，定居城市，传统村落面临着"空心化"的窘境。如今，国家已经充分意识到传统村落保护的重要性，采取了一系列的保护措施。

"中国传统村落文化抢救与研究"系列丛书于2016年入选了"十三五"出版规划。本套丛书从文化区、物质文化、非物质文化三个方面全方位阐释中国传统村落文化。其第一辑文化区系列于2020年付梓，项目从策划到出版历时近5年。

一本书的诞生，包含着主编、编写者、编辑、校对、审读专家等众多参与者的心血。为了保证图书的如期出版，每个人都奉献和付出了许多。

感谢每一位编写者的勤勉，在繁重的教学和科研任务压力之下，他们利用每一个休息的空隙，孜孜不倦地书写着中国传统村落的过去、现在和未来，用朴实真挚的文字记录着村落的每一次成长与新生。

本书还配有大量精美图片帮助读者解读内容，但由于信息的更迭和转换，仍然有个别图片找不到原始版权的所有人。希望读到这本书，或者通过其他途径获取到这个信息的版权人，发送邮件至459202365@qq.com，主动与我们取得联系，我们感谢您的理解和支持。

我们本着保护和弘扬村落文化的初心，试图对中国传统村落进行一次科学的梳理、抢救性记录和提出保护建议，通过深度挖掘传统村落的价值，重新唤起社会关注，重振乡居生活方式。让越来越多的人通过阅读，了解传统村落文化的美好与珍贵，从而加入到保护者的行列。

2020年，突如其来的新冠肺炎疫情打乱了每个人的生活工作节奏，但是大家克服了自身的困难和心里的不安，携手走到了最后。再次感谢参与这套丛书出版的每一个人，大家的努力与付出，才促成了图书的成功付梓。我们撒下关爱村落的种子，期待在不久的未来它将长成参天大树，将传统村落文化扎根于每一位读者心间，愿这套丛书为传统村落文化的传承贡献一份微薄的力量。

丛书编委会
2020 年 12 月